나의 첫 SQL 수업

비전공자도 쉽게 이해하는 데이터 분석의 모든 것

이선영 저

SQL로 시작하는 데이터 분석

이 책은 데이터를 활용하기 위해 SQL을 처음 사용하는 독자를 위하여 집필되었습니다. 특히 SQL을 배워야겠다고 마음먹었지만 이해하기 어려운 개념들과 생소한 용어들로 시작을 망설였던 비전공자 분들에게 도움이 되고자 하였습니다.

요즈음 SQL은 데이터 분석가뿐만 아니라 마케터, 개발자, PM, MD 등 다양한 직군에서 데이터 기반의 의사결정을 위해 많이 사용하고 있습니다. 이렇다 보니 취업 전부터 각자의 업무에 필요한 SQL을 선행 학습하기 시작해 SQL 교육 시장은 과거와 다르게 크게 성장했으며 관련 콘텐츠도 꾸준히 인기를 얻고 있습니다. 하지만 SQL이 여러 영역에서 사용하는 컴퓨터 언어인 만큼 데이터 분석 실무를 위한 SQL만 정리해 알려주는 경우는 드물어 데이터 분석 학습을 원하는 독자에게 아쉬움을 안기기도 합니다. 이러한 점이 필자의 집필 계기가 되었습니다.

우리 책은 독자에게 거부감 없이 다가가기 위해 실생활과 밀접한 예시와 이미지를 사용했고 눈에 보이지 않는 SQL의 처리 방식을 가시화해 직관적인 이해가 가능하도록 노력했습니다. 뿐만 아니라 문법적인 이론과 더불어 쿼리문의 출력 과정을 상세히 설명해 놓아 이 책을 다 읽고 난 후에는 데이터 분석과 관련된 SQL문은 아주 쉽게 해석할 수 있을 겁니다.

이 책은 크게 네 가지로 구성되어 있습니다. [Chapter 01]은 SQL을 본격적으로 시작하기에 앞서 꼭 알아두어야 할 개념과 SQL에 대한 설정 방법을 설명하고 있으며 [Chapter 02]는 SQL의 큰 숲을 보는 과정, [Chapter 03~08]은 SQL의 주요 개념을 상세히 다루고, 마지막 [Chapter 09]와 [Appendix]는 실무에서 실제 분석 업무 시 사용할 수 있는 여러 가지 분석 방법과 코딩테스트를 준비하는 방법들을 알려드립니다. 이 책으로 인하여 많은 사람이 SQL을 사용해 능수능란하게 데이터를 다룰 수 있는 분석력을 키울 수 있기를 바랍니다.

2023년 8월
이선영

[이 책의 구성]

SQL은 데이터를 관리하기 위해 설계된 특수 목적의 프로그래밍 언어로 다양한 분야에서 활발히 사용되고 있습니다. 우리 도서는 SQL 입문서로 꼭 필요한 핵심 개념들만 담았습니다.

실습에 필요한 **데이터 자료**는 SD에듀 홈페이지(www.edusd.co.kr/)-[프로그램 자료실]에서 모두 다운로드할 수 있습니다.

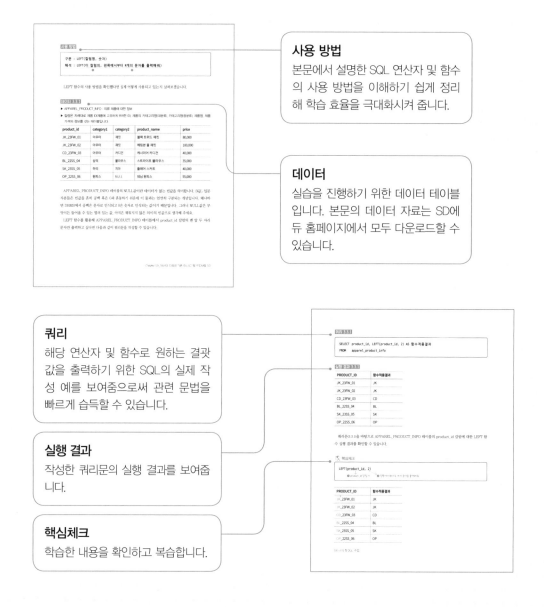

사용 방법
본문에서 설명한 SQL 연산자 및 함수의 사용 방법을 이해하기 쉽게 정리해 학습 효율을 극대화시켜 줍니다.

데이터
실습을 진행하기 위한 데이터 테이블입니다. 본문의 데이터 자료는 SD에듀 홈페이지에서 모두 다운로드할 수 있습니다.

쿼리
해당 연산자 및 함수로 원하는 결괏값을 출력하기 위한 SQL의 실제 작성 예를 보여줌으로써 관련 문법을 빠르게 습득할 수 있습니다.

실행 결과
작성한 쿼리문의 실행 결과를 보여줍니다.

핵심체크
학습한 내용을 확인하고 복습합니다.

데이터 QR 코드

쿼리문 작성 연습 시 본문에 반복되어 나오는 데이터는 QR 코드에 담아 페이지 넘김 없이 QR 코드 스캔만으로 데이터를 확인할 수 있도록 구성했습니다.

박스

본문에서 자세히 다루지 못했지만 알고 있으면 실무에 도움이 되는 내용들을 별도로 구성해 담았습니다.

궁금해요

학습 과정에서 알아두면 도움이 되는 내용들을 담았습니다.

꿀팁

저자의 다양한 노하우 및 SQL 정보를 제공합니다.

Q 비전공자라 사전 지식이 전무한 상태인데, 배울 수 있을까요?

A 전혀 어렵지 않습니다. SQL은 컴퓨터 언어 중에서도 기본 언어라고 불릴 정도로 배우기 쉬우며, 분석을 위해 사용하는 문법은 SQL 전체적이 문법 중에서도 데이터를 조회하는 구문에 집중해 배우게 되므로 양적으로도 부담되지 않는 수준입니다. 또한 실무에서 자주 활용하는 엑셀 프로그램과 개념이 매우 유사하기 때문에 다른 언어보다 이해하기 더 쉬울 거라 생각합니다. 제가 여러 비전공자 실무자분들을 대상으로 SQL 강의를 해오면서 많이 듣던 얘기는 '컴퓨터 언어같아서 어려울 거라 생각했는데, 생각보다 쉽네요!' 였습니다. 여러분들도 그렇게 생각하게 되시리가 확신합니다.

Q SQL을 학습한 후 Python, R 등의 언어도 추가로 배워야 할까요?

A 아니오. 필수는 아닙니다. 실무에서 데이터를 분석할 때 주로 사용하는 언어는 SQL입니다. 동일한 작업을 Python이나 R로도 할 수 있지만 대부분은 SQL을 사용하고 있습니다. 만약 데이터 조회에서 더 나아가 회귀분석, 의사결정나무 등과 같은 데이터 마이닝 기법을 사용하고자 한다면 Python 혹은 R 언어에 대한 추가 학습을 권장합니다.

Q SQL과 관련된 자격증이 있을까요?

A 가장 대표적으로는 SQLD가 있으며 데이터 분석과 관련된 유사한 자격증으로는 ADSP, 빅데이터분 석기사가 있습니다.

Q SQL을 공부하면 도움을 받을 수 있는 직무는 어떤 것들이 있나요?

A 직접적으로 도움을 받는 직무는 데이터 분석가입니다. 실제 업무 시 주로 사용하는 언어이기 때문입 니다. 그리고 기획자, MD, 마케터 등의 직무에서도 직 · 간접적으로 도움을 받을 수 있습니다. 업무를 기획할 때 데이터 기반으로 의사결정이 필요하거나, 혹은 업무 진행 이후 결과 분석이 필요하기 때 문에 SQL을 통해 직접 조회할 수 있다면 도움을 받을 수 있습니다.

목차

01

SQL 기초

실무에서 데이터를 관리하는 담당자와 원활한 의사 소통을 하려면 데이터의 기본 개념에 대해 정확히 알고 구분할 줄 알아야 합니다. 이번 챕터에서는 데이터베이스의 종류와 구성 요소에 대해 학습하고 MS-SQL 설치 방법에 대해 알아봅니다.

01 데이터베이스와 SQL

데이터베이스와 테이블의 개념에 대해 학습한 후 SQL 문법의 종류(DDL, DML, DCL, TCL),
MS-SQL, Oracle, BigQuery, Redshift의 차이를 알아봅니다.

01. 데이터베이스란?

IT 및 웹 기술의 발전으로 정보의 홍수 속에 살아가는 우리에게 데이터는 필수불가결의 요소가 되었습니다. 일상에서 무심결에 지나쳤던 음식점의 키오스크와 집 앞 마트에서 받은 영수증도 모두 데이터의 대표적인 예입니다. 특히 종이 영수증에 인쇄된 메뉴명, 수량, 결제 수단 등의 정보는 행(row) 단위로 쌓여서 거래 데이터가 되고 이후 거대한 표 형태의 테이블(Table)이 됩니다. 데이터베이스(DB, Database)는 바로 이렇게 모인 테이블을 한곳에 담아놓는 공간입니다.

| 영수증과 같은 데이터 | 테이블 | 데이터베이스(DB) |

데이터베이스와 유사한 개념으로 데이터웨어하우스(DW, DataWarehouse)와 데이터마트(DM, DataMart)라는 개념도 있습니다. 데이터웨어하우스는 Warehouse(창고)라는 이름에서 알 수 있듯이 회사 전반의 여러 데이터 소스들을 저장하기 위한 거대한 저장소 개념이고 데이터마트는 이보다 좀 더 작은 개념으로 데이터들을 특정 주제 및 조직에 따라 필요한 부분만 가공하여 모아둔 저장소입니다.

또 다른 예로 컴퓨터를 생각해 보겠습니다. '컴퓨터'의 바탕화면에는 '폴더'가 있고 '폴더'를 열면 '파일'이 있는 걸 확인할 수 있습니다. 이와 아주 유사한 형태가 컴퓨터의 '서버' 공간입니다. 서버에는 여러 '데이터베이스'가 있고 데이터베이스는 작은 '테이블'이 모인 집합체라고 생각하면 됩니다.

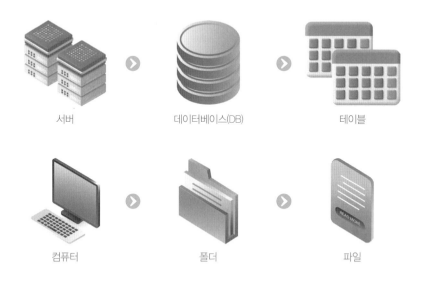

02. SQL이란?

SQL은 Structured Query Language의 약자로 데이터와 테이블을 활용하기 위한 구조화된 질의 언어입니다. 생경한 단어들의 조합으로 어려운 개념 같아 보이지만 데이터베이스에 접근할 수 있는 언어라고 생각하면 쉽습니다.

누구나 한 번쯤 여행 중에 우연히 외국인과 대화를 나눠본 경험이 있을 겁니다. 그때를 떠올려 보세요. 상대방이 나에게 무언가 이야기하는 거 같은데 그 사람의 언어를 잘 모르니 정확히 무슨 의미인지 모르겠고 어렵게 알아 들어도 언어에 대한 정보가 부족해 설명하기 막막합니다. 이처럼 서로 이해할 수 있는 공통 언어가 없다면 궁금한 걸 물어볼 수도 없고 원하는 정보를 얻을 수도 없습니다.

언어를 모르면 원만한 의사소통이 불가합니다.

SQL은 사용하는 언어가 다른 사용자와 데이터베이스 간의 소통을 도와주는 든든한 매개체 역할을 해 줍니다. 우리는 SQL문을 작성해* 데이터베이스에 명령을 내리고 데이터베이스는 입력된 언어를 해석해 우리에게 결괏값을 출력해 줍니다.

＊ SQL문을 작성하는 행위를 다른 말로 '쿼리(Query)를 입력 및 실행한다'라고 말하기도 합니다.

03. SQL 문법 종류

SQL 언어는 크게 DDL, DML, DCL, TCL이라는 네 가지 문법으로 테이블 생성 및 삭제와 데이터 수정 및 조회 등 쓰임에 따라 각각 분류되어 있습니다.

문법 종류	설명	명령어
데이터 정의어 (DDL : Data Definition Language)	테이블이나 관계의 구조를 생성, 삭제, 변경하는 데 사용	CREATE ALTER DROP RENAME
데이터 조작어 (DML : Data Manipulation Language)	테이블에 데이터를 조회, 추가, 삭제, 수정하는 데 사용	SELECT INSERT DELETE UPDATE
데이터 제어어 (DCL : Data Control Language)	데이터의 사용 권한을 관리하는 데 사용	GRANT REVOKE
트랜잭션 제어어 (TCL : Transaction Control Language)	데이터 조작어(DML)에 의해 조작된 결과를 작업 단위(트랜잭션) 별로 제어하는 데 사용	BEGIN TRAN COMMIT ROLLBACK

데이터 정의어(DDL)는 테이블 구조와 관련된 문법입니다. 앞서 데이터가 저장되는 단위를 테이블이라고 설명했는데 테이블을 처음 생성할 때 데이터를 어떤 항목들로 쌓을지 기준을 정해 이후에 테이블의 구조를 수정하거나 삭제할 수 있도록 도와줍니다. 데이터 정의어의 명령어를 세부적으로 살펴보면 테이블 구조를 생성하는 CREATE 명령어, 구조를 수정하는 ALTER 명령어, 테이블을 삭제하는 DROP 명령어 등이 있습니다.

데이터 조작어(DML)는 테이블의 데이터와 관련된 문법입니다. 데이터 조작어의 명령어를 세부적으로 살펴보면 데이터를 조회하는 SELECT 명령어, 데이터를 추가하는 INSERT 명령어, 데이터를 삭제하는 DELETE 명령어 그리고 데이터를 수정하는 UPDATE 명령어가 있습니다.

데이터 제어어(DCL)는 데이터 제어와 관련된 문법입니다. 담당자를 제외하고 데이터에 접근할 수 없게 제어하는 것입니다. 임직원이라는 이유로 회사에 존재하는 다양한 데이터에 함부로 접근하게 두면 안 되겠죠. 특히 직원들의 개인정보가 담긴 인사팀 데이터를 마음대로 조회하거나 수정하면 자칫 사고로 이어질 수 있습니다. 이러한 여러 가지 이유로 각각의 데이터에 대한 권한을 제어해야 합니다. A 직무를 담당하는 자에게는 데이터 조회, 수정, 삭제 권한을 주고 B 직무를 담당하는 자에게는 데이터 조회, 수정 권한까지만 그리고 C 직무를 담당하는 자는 데이터 조회만 가능하도록 데이터에 대한 권한을 조정해 줍니다.

마지막으로 트랜잭션 제어어(TCL)는 트랜잭션의 작업 단위를 제어하는 문법입니다. 문서 작업 중 텍스트를 잘못 입력하면 우리는 자연스럽게 키보드의 뒤로 가기 키를 누르는데 이와 유사한 기능이라고 생각하면 쉽습니다. 즉, 작업이 완벽하다고 판단되면 계속 진행하고 잘못되었다고 판단되면 이전 상태로 되돌립니다. 트랜잭션 제어어의 명령어에는 발생한 작업을 저장 및 확정하는 COMMIT 명령어와 작업이 잘못되었다고 판단되어 이전 상태로 되돌리는 ROLLBACK 명령어가 있습니다(트랜잭션 제어어는 데이터 조작어와 함께 사용되고 있습니다).

SQL 문법의 종류와 명령어는 모두 외워야 하나요?

아니요. 개발자가 아닌 데이터 분석가 입장에서 본다면 SQL의 모든 문법을 익힐 필요는 없습니다. DML의 SELECT문만 완벽하게 학습해도 충분합니다. 왜냐하면 대부분 실무에서는 데이터를 새롭게 생성하거나 수정하는 경우가 많지 않으며 이미 적재되어 있는 데이터를 조회하여 출력하면 되기 때문입니다. 그리고 대부분의 기업에서는 데이터 분석가나 데이터를 활용하는 실무자에게조차 테이블 생성 및 수정 등의 권한을 아예 부여하지 않는 경우도 많습니다. 데이터를 관리하는 개발자, DBA, 데이터 엔지니어의 입장에서는 위험성이 있다고 판단하기 때문에 특정 직무 외 직원에게는 오직 데이터를 조회하는 권한만 오픈해 놓은 겁니다. 따라서 우리 책의 본문에서 다루는 이론적인 문법 설명도 모두 SELECT문 활용에 초점이 맞춰져 있는 점 참고 바랍니다.

04. DBMS 종류

SQL 학습을 완료한 후 실습을 진행하면 가장 먼저 접하게 되는 것들이 바로 MS-SQL, MySQL, Oracle 등입니다. 이들은 모두 DBMS(DateBase Management System)의 종류로 데이터베이스 관리 시스템입니다. 우리 책에서는 마이크로소프트 사에서 만든 MS-SQL 프로그램을 기준으로 SQL문을 설명하고 있으며 실습 역시 해당 DBMS를 바탕으로 진행됩니다.

MySQL만 배웠는데 Oracle도 사용할 수 있나요?

프로그램을 부르는 명칭만 다를 뿐 결국 모두 같은 SQL입니다. 따라서 데이터 분석의 기반이 되는 쿼리문은 프로그램 명칭과 상관없이 전부 동일합니다. 다만 각 DBMS에 따라 함수나 연산자 등에서 차이가 발생할 수 있습니다. 그런데 이것도 함수명이 다르거나 하는 등의 조그만 차이일뿐 큰 문제는 없습니다. 만약 하나의 DBMS를 이용해 SQL을 사용할 줄 안다면 다른 DBMS를 사용해도 큰 문제 없이 쿼리문을 작성할 수 있습니다. 이는 MS-SQL, MySQL, Oracle뿐만 아니라 snowflake, 구글의 BigQuery(빅쿼리), 아마존의 Redshift, Athena 모두 해당되는 내용입니다. 실제로 필자도 MS-SQL, Oracle, Athena 등 다양한 DBMS를 실무에서 사용해 보았습니다.

다양한 DBMS 종류

SQL 실습환경 만들기

실습에 필요한 MS-SQL 설치 방법에 대해 알아봅니다.

01. MS-SQL 다운로드 및 설치하기

원활한 실습 진행을 위해 SQL Server와 SSMS(SQL Server Management Studio) 두 종류의 프로그램 설치가 필요합니다. Windows 환경이라면 누구나 문제없이 설치할 수 있습니다(맥 OS의 환경에서는 설치가 어려운 점 참고 바랍니다).

step 01 SQL Server 다운로드 페이지(https://www.microsoft.com/kokr/sql-server/sql-server-downloads)로 접속하거나 구글 크롬 검색창에 'SQL Server 다운로드'를 입력해 검색합니다.

스크롤을 내려 무료 다운로드 영역에서 Express의 [지금 다운로드] 버튼을 클릭합니다.

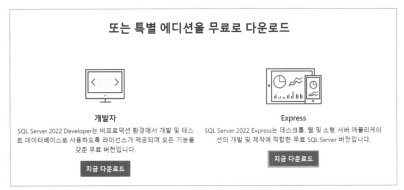

 SQL Server 2022 설치 대화상자가 화면에 나타나면 [기본(B)]을 선택합니다.

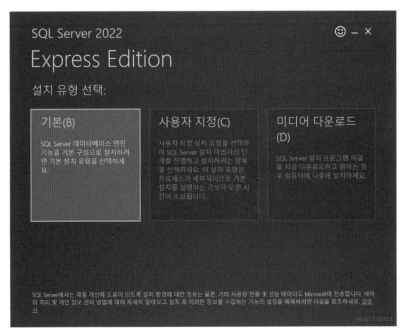

Microsoft SQL Server 사용 조건을 확인한 후 [수락(A)] 버튼을 클릭합니다.

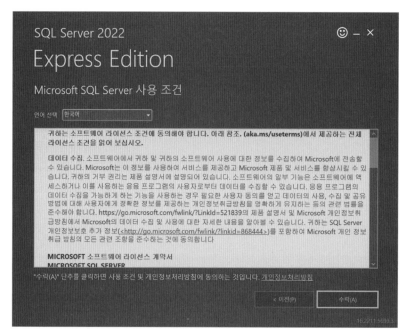

SQL Server의 설치 위치를 지정하고 하단의 [설치] 버튼을 클릭합니다.

 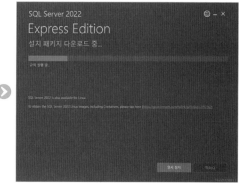

step **06** SQL Server 설치 완료 메시지가 나타나면 하단의 [SSMS 설치(I)] 버튼을 클릭합니다(SQL Server의 설치는 성공적으로 완료되었으며 이어서 SSMS를 설치하는 단계입니다).

step **07** SSMS 웹 페이지 화면에서 [SSMS(SQL Server Management Studio) 무료 다운로드]를 클릭합니다(만약, [step 6]에서 [닫기(C)] 버튼을 클릭했다면 구글 크롬에서 'MSSQL SSMS 설치'를 검색해 해당 페이지에 다시 접속합니다).

step 08 이어서 설치 대화상자 하단의 [설치(I)] 버튼을 클릭합니다.

step 09 설치 작업이 완료되면 SQL 프로그램 설치가 제대로 되었는지 확인하기 위해서 검색창에 'management'로 입력 후 검색해 프로그램을 확인합니다(이후 편리한 사용을 위해 해당 프로그램을 작업 표시줄에 고정하거나 바탕화면에 추가해 사용하는 것을 권장합니다).

02. MS-SQL 사용 방법 안내

MS-SQL의 설치를 모두 완료했으면 본격적으로 MS-SQL의 사용 방법에 대해 알아보겠습니다. 간단하니 설명만 잘 따라오면 누구나 금방 사용할 수 있습니다.

MS-SQL 서버 연결

MS-SQL 서버에 연결하는 방법을 알아보겠습니다.

step 01 SSMS(Microsoft SQL Server Management Studio, ⬛)를 클릭해 프로그램을 실행합니다.

step 02 SQL Server 대화상자가 화면에 나타나면 서버 유형, 서버 이름 등의 기본 정보를 꼼꼼히 확인한 후 [연결(C)] 버튼을 클릭합니다.

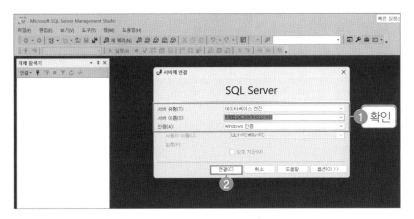

데이터베이스 생성

테이블의 집합체인 데이터베이스 생성 방법을 알아보겠습니다.

step **01** 개체 탐색기 메뉴의 [데이터베이스]에 커서를 위치하고 마우스 오른쪽 버튼을 클릭합니다. 바로 가기 메뉴에서 [새 데이터베이스]를 선택합니다.

step **02** [새 데이터베이스] 창이 화면에 나타나면 데이터베이스 이름 란에 원하는 데이터베이스 이름을 입력하고 [확인] 버튼을 클릭합니다.

데이터베이스 생성이 완료되었습니다.

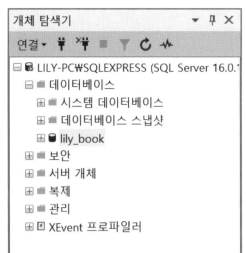

데이터베이스 이름은 간단하게!

데이터베이스 이름은 되도록 간결한 영어 이름으로 짓는 걸 추천합니다. 이름에 숫자, 띄어쓰기, 특수기호 등의 사용은 오류의 주된 원인이기에 사용을 지양합니다.

SQL 명령어(쿼리 : query, 이하 쿼리문) 작성 및 실행

쿼리문을 작성하고 실행하는 방법을 알아보겠습니다.

step **01** 개체 탐색기에서 이전에 만들어 놓은 데이터베이스를 선택한 후 메뉴바의 [새 쿼리(N)] 버튼을 클릭합니다(데이터베이스 이름을 클릭해야 해당 데이터베이스에 있는 데이터들을 조회하고 수정할 수 있습니다). 우측 빈 화면에 쿼리문을 작성합니다.

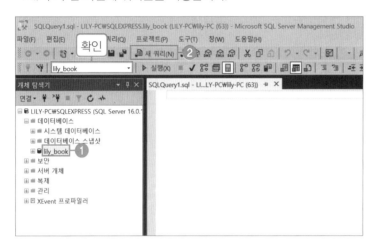

step **02** 쿼리문 실행 방법입니다. 실행을 원하는 명령어를 쿼리창에 드래그해 메뉴바의 [실행]을 클릭합니다(실행은 내가 작성한 쿼리문을 데이터베이스로 전송하는 역할을 하며 쿼리창에 아무리 많은 내용을 입력 하더라도 [실행]을 클릭하지 않으면 데이터베이스는 전달받은 명령어가 없기 때문에 아무것도 수행하지 않습니다).

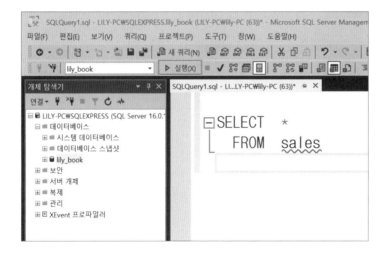

꼭 쿼리문을 드래그해야 하나요?
명령어를 따로 드래그하지 않고 바로 실행하면 쿼리창에 작성된 쿼리문 전체가 실행됩니다. 효율적인 작업을
위해 필요한 명령어만 드래그해 사용할 것을 권장합니다.

쿼리문 저장

MS-SQL은 자동 저장 기능이 없기에 작업 중간중간 반드시 저장을 진행해야 합니다. 또 쿼리문을 사
용자 컴퓨터에 저장하면 필요할 때마다 언제든지 불러와 작업할 수 있어 편리합니다. 쿼리문 저장 방법
에 대해 알아보겠습니다.

step **01** 쿼리문 작성을 완료했다면 화면 상단 메뉴바의 [파일]을 클릭합니다.

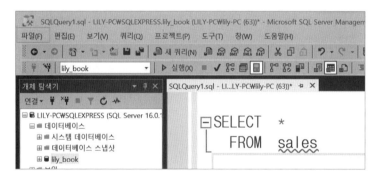

step **02** [파일] – [다른 이름으로 파일명.sql 저장]을 클릭합니다.

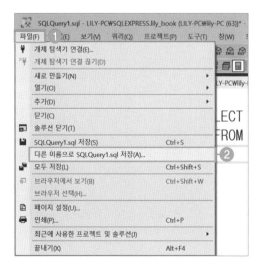

저장된 쿼리문 열기

사용자 컴퓨터에 저장한 쿼리문을 불러오는 방법을 알아보겠습니다.

step 01 메뉴바의 [파일]을 클릭한 후 [열기] – [파일]을 클릭합니다.

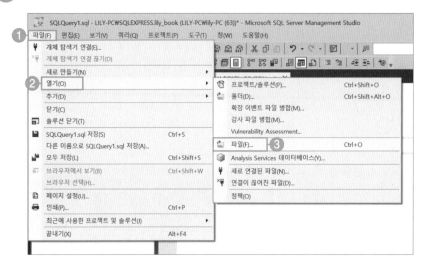

step 02 [파일 열기] 창이 화면에 나타나면 원하는 파일을 선택해 [열기(O)] 버튼을 클릭합니다.

출력한 결과물 활용

SQL에서 출력한 결과는 보통 엑셀이나 파워포인트 등으로 옮겨져 정리합니다. SQL의 결괏값을 활용하는 방법에 대해 알아보겠습니다.

step 01 결과 탭 표에서 칼럼명이 표기된 빈 공간을 클릭하면 수치가 모두 선택됩니다.

step 02 `Ctrl`+`Shift`+`C`를 동시에 눌러 복사한 후 엑셀 등의 오피스 프로그램에 붙여넣기(`Ctrl`+`V`)하면 데이터를 포함해 칼럼명까지 완벽하게 복사됩니다(예시 ❶).

데이터 복사만 원한다면 `Ctrl`+`C`를 동시에 눌러 복사한 후 붙여넣기(`Ctrl`+`V`) 합니다. 칼럼명은 제외된 데이터들만 복사됩니다(예시 ❷).

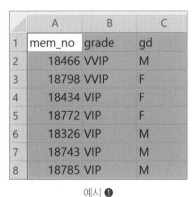

	A	B	C
1	mem_no	grade	gd
2	18466	VVIP	M
3	18798	VVIP	F
4	18434	VIP	F
5	18772	VIP	F
6	18326	VIP	M
7	18743	VIP	M
8	18785	VIP	M

예시 ❶

	A	B	C
1	18466	VVIP	M
2	18798	VVIP	F
3	18434	VIP	F
4	18772	VIP	F
5	18326	VIP	M
6	18743	VIP	M
7	18785	VIP	M

예시 ❷

SQL 시작

SELECT문은 데이터를 조회할 때 사용되는 기본 구문으로 실무에서도 자주 마주치는 만큼 꼼꼼히 살펴 봐야 합니다. 이번 챕터에서는 SELECT문의 대표적인 여섯 가지 절에 대해 학습하고 SELECT 문을 작성하는 순서 등에 대해 알아봅니다.

01

SELECT : 데이터 읽기의 출발

SELECT문의 SELECT절, FROM절, WHERE절, GROUP BY절, HAVING절, ORDER BY절에 대해 학습한 후 SELECT문을 작성하는 순서와 이를 SQL이 처리하는 순서의 차이를 알아봅니다.

01. SELECT문이란?

SELECT문은 SELECT, FROM, WHERE, GROUP BY, HAVING, ORDER BY절로 구성되어 있으며 각각의 절은 뒤에서 더 자세히 다루고 있으니 이번 챕터에서는 SELECT문의 기본 개념과 작성 순서 및 실행 순서에 대해 꼼꼼히 살펴보겠습니다.

SELECT문	SELECT문 기능	SELECT문 사용 예
SELECT절	조회할 칼럼	SELECT shop_code, COUNT(*)
FROM절	조회할 테이블명	FROM store
WHERE절	조건(필터링)	WHERE country = 'JAPAN'
GROUP BY절	그룹	GROUP BY shop_code
HAVING절	그룹 후 조건(필터링)	HAVING count(*) >= 2
ORDER BY절	정렬 기준	ORDER BY shop_code

먼저 SELECT절은 최종 결과물로 확인하고 싶은 칼럼들의 이름을 쉼표(,)로 구분해 작성하고 FROM절은 조회할 데이터가 적재된 테이블의 이름을 작성하며 WHERE절에는 FROM절에 작성한 테이블 중 특정 데이터를 필터링하기 위한 조건을 작성합니다.

다음 GROUP BY절은 그룹화를 진행할 특정 기준을 작성하고 HAVING절은 WHERE절처럼 필터링 조건을 작성하는 곳이지만 그룹화 이후에 필터링을 진행하기 때문에 늘 GROUP BY절과 함께 사용되며 마지막으로 ORDER BY절은 조회한 결괏값을 오름차순과 내림차순으로 정렬할 기준을 작성합니다.

이상 총 여섯 가지 SELECT문의 핵심만 간략히 살펴봤습니다. 지금은 앞의 개념이 당장 눈에 다 들어오지 않아도 괜찮습니다. 단, 맨 처음 언급된 SELECT절과 FROM절만은 꼭 기억해 주세요. 데이터 조회 시 쿼리문에 반드시 작성해야 하는 절이기 때문입니다. SELECT절과 FROM절을 제외한 나머지 절은 필요할 때만 선택적으로 사용합니다. 이는 마치 우리가 영어 공부를 할 때 '주어(S)와 동사(V)는 문장의 필수 요소이며 목적어와 부사는 필요에 따라 생략해도 된다'라고 배운 것과 같은 맥락입니다.

쿼리문 끝에 세미콜론(;)은 무엇을 의미하나요?

SQL이 언어라는 사실을 떠올리면 세미콜론의 기능도 이해하기 쉽습니다. 우리가 문장의 끝에 마침표를 찍는 것처럼 세미콜론도 SQL에서 마침표 역할을 합니다. 그래서 쿼리문의 마지막에 세미콜론을 확인할 수 있었던 것인데 글을 읽다 보면 문장에 마침표가 없어도 문맥상 '아, 여기까지가 한 문장이구나'라고 알 수 있는 것처럼 쿼리문도 세미콜론의 유무와 상관없이 언어를 이해하는 데 전혀 문제가 되지 않습니다. 따라서 세미콜론은 생략해도 무방합니다.

```
SELECT *
, CASE WHEN sales_amount < 0 THEN '환불
       WHEN sales_amount > 0 THEN '정상
FROM sales;
```

```
SELECT order_date
, DATEDIFF(MONTH, order_date, '2023-0
, DATEDIFF(DAY, order_date, '2023-04-
, DATEDIFF(MONTH, '2023-04-01', order
FROM sales;
```

세미콜론 사용 예

02. SELECT문의 처리 순서

SELECT문을 작성할 때 ❶ SELECT→❷ FROM→❸ WHERE→❹ GROUP BY→❺ HAVING→
❻ ORDER BY절 순으로 작성하지만 이를 SQL이 처리하는 순서는 조금 다릅니다. SQL은 ❶
FROM→❷ WHERE→❸ GROUP BY→❹ HAVING→❺ SELECT→❻ ORDER BY절 순으로 데이
터 처리를 진행하는데 왜 작성한 순서대로 실행하지 않고 마음대로 순서를 바꿔 실행하는 것인지 SQL
의 시각에서 바라보면 금방 이해할 수 있습니다.

SQL 처리 순서	SQL 작성 순서	SELECT 구문 사용 예
❺	❶	SELECT shop_code, COUNT(*)
❶	❷	FROM store
❷	❸	WHERE country = 'JAPAN'
❸	❹	GROUP BY shop_code
❹	❺	HAVING count(*) >= 2
❻	❻	ORDER BY shop_code

SQL은 큰 단위에서 작은 단위로 데이터 처리를 진행하는데 먼저 데이터가 적재된 테이블에서 어떤
것을 조회할지 테이블 단위로 확인을 시작합니다. 다음 테이블에서 행(row) 단위로 봤을 때 정리해서 보
고 싶은 내용이 있는지, 필터링이 필요한 작업은 없는지 확인하고, 있다면 이를 수행합니다. 이후 그룹
화 처리를 진행하고 필터링 작업을 한 번 더 검토한 후 칼럼(column) 단위에서 보고 싶은 칼럼들을 선택
해 이들을 특정 기준에 따라 행을 필터링해 보여주게 됩니다.

작성한 쿼리문을 바탕으로 SQL의 실행 과정을 다시 한번 따라가 보면 ❶ 조회하려는 데이터가 어떤
테이블인지 가장 먼저 확인하고(FROM절) ❷ 다음, 필터링해야 하는 조건이 있는지 확인해 필터링을 진
행하고(WHERE절) ❸ 필터링이 완료된 데이터에 그룹화할 데이터가 있는지 파악한 후, 있다면 그룹화 진
행(GROUP BY절) ❹ 그룹화 이후에 필요에 따라 필터링 작업을 진행하고(HAVING절) ❺ 최종적으로 내가
조회할 칼럼들이 어떤 것인지 확인 후, 출력 정렬이 필요하면(SELECT절) ❻ 마지막으로 특정 기준에 따
라 정렬해 출력합니다(ORDER BY절).

SQL을 빠르게 마스터하려면? '처리 순서'에 집중하세요.

아직 SQL에 익숙하지 않은 입문자라면 SQL문을 작성하는 순서보다 SQL에서 쿼리문이 처리되는 순서에 더 집중하는 것이 좋습니다. 이러한 실행 순서의 차이로 GROUP BY절과 같은 쿼리문 작성을 어려워하는 경우가 많은데 우리 책에서는 학습자의 혼란을 최소화하고 SQL을 빠르게 마스터할 수 있도록 본문의 설명 역시 쿼리문이 처리되는 순서에 맞춰서 진행할 예정입니다.

03

데이터 조회의 기본
SELECT절
FROM절

SELECT문을 구성하는 여섯 가지 절의 기본 개념을
마스터했다면 이번 챕터에서는 SELECT문에 작성되
는 각 절의 세부 내용을 살펴보고 활용 방법에 대해
서도 알아봅니다.

01

SELECT절과 FROM절 :
원하는 테이블의 칼럼 조회

데이터 조회 시 가장 많이 사용되는 SELECT절과 FROM절에 대해서 알아봅니다.

---

01. SELECT절과 FROM절이란?

SELECT절은 최종 결과물로 조회하고 싶은 칼럼(항목)을 쉼표로 구분해 작성합니다. SELECT절에 작성한 칼럼들의 순서는 조회하고 싶은 결과와 동일한 순서로 작성하고 여기서 칼럼은 엑셀의 세로열을 생각하면 됩니다. FROM절은 조회하고 싶은 데이터가 적재된 테이블명을 작성하는 곳입니다.

▶ A 테이블

칼럼1	칼럼2	칼럼3	칼럼4	칼럼5

칼럼1	칼럼2	칼럼3	칼럼4	칼럼5

예를 들어 A 테이블의 칼럼1, 칼럼3, 칼럼5를 조회하고 싶다면 다음과 같이 쿼리문을 작성합니다.

```
SELECT     칼럼1, 칼럼3, 칼럼5                    ⇨ 조회할 칼럼명
FROM       A 테이블  칼럼명을 구분해주는 '구분자'     ⇨ 조회할 테이블명
```

　SELECT와 FROM절은 SELECT문(조회문)에서 필수로 작성해야 하는 절입니다. 간혹 FROM절이 생략될 때도 있으나 이는 특수한 경우이며 일반적이진 않습니다. 아마 엑셀이나 파워포인트 등의 오피스 프로그램에 익숙한 분들은 '메뉴바의 [열기(O)]에서 파일을 불러와 데이터를 확인하면 안 되는 건가요?' 라고 생각할 수도 있습니다. 그러나 SQL이 언어인 만큼 데이터를 확인하기 위해서는 데이터베이스에게 '네가 가진 데이터 중에서 이 부분을 가져와 나에게 보여줘'라고 조회를 요청하는 명령을 내려야 합니다.

데이터 3.1.1

▶ STAFF : 임직원에 대한 정보

employee_id	employee_name	gender	birth_date	department_id	position
A001	권지수	F	1988-02-03	HR팀	과장
A002	이철희	M	1995-10-23	HR팀	사원
B003	김미나	F	1997-11-08	마케팅팀	대리
B004	신승민	M	2000-03-03	마케팅팀	사원

　임직원 정보가 있는 STAFF 테이블에서 임직원의 ID, 이름, 생년월일 정보만 조회하고 싶다면 다음과 같이 쿼리문을 작성합니다.

쿼리 3.1.1

```
SELECT     employee_id, employee_name, birth_date
FROM       staff
```

EMPLOYEE_ID	EMPLOYEE_NAME	BIRTH_DATE
A001	권지수	1988-02-03
A002	이철희	1995-10-23
B003	김미나	1997-11-08
B004	신승민	2000-03-03

SQL이 쿼리문을 처리하는 순서대로 해석해 보면 ❶ EMPLOYEE 테이블에서(FROM절) ❷ employee_id, employee_name, birth_date 칼럼을 순서대로 가져와서 보여줘(SELECT절)라는 의미입니다.

궁금해요

쿼리문 작성 시 대 · 소문자 구분을 꼭 해야 하나요?

SQL은 대 · 소문자를 따로 구분하지 않습니다. 즉 SELECT와 Select, select 모두 같은 말로 인식한다는 의미입니다. 하지만 가독성을 높이기 위한 방안으로 명령어에 해당하는 부분은 대문자, 칼럼명이나 테이블명 등은 소문자로 사용하는 규칙을 권장합니다. 이러한 규칙은 코딩 컨벤션이라 불리며 다른 컴퓨터 언어를 사용할 때도 자주 등장하는 개념입니다. 말 그대로 SQL 사용자 사이의 규칙이기 때문에 강제성 없이 자유롭게 작성해도 무방합니다. 줄바꿈과 띄어쓰기 또한 대 · 소문자와 같은 맥락으로 줄바꿈을 여러 번 하거나 띄어쓰기를 무시해도 명령어 실행에는 아무런 영향을 주지 않기 때문에 편하게 작성하면 됩니다. 하지만 가독성을 염두에 둔다면 각 절에 대해 줄바꿈을 이용하는 것이 좋습니다.

그렇다면 쿼리문 실행 결과와 상관없는 대 · 소문자, 줄바꿈, 띄어쓰기 등에 우리가 신경 써야 하는 이유는 무엇일까요? 바로 '쿼리 재사용' 때문입니다. 보통 작성한 쿼리문은 일회성으로 끝나는 것이 아니라 비슷한 분석을 실시할 때 이전에 작성한 쿼리문을 참고합니다. 이럴 때 가독성 있게 각각 구분된 쿼리문은 구조 파악 및 해석이 보다 용이하기 때문에 재사용할 때 손쉽게 활용될 수 있습니다. 뿐만 아니라 본인이 작성한 쿼리문은 다른 실무자분들과의 협업 시에도 아주 중요한 부분입니다.

Section

02

SELECT절 표현식

표현식은 SELECT절을 작성할 때 데이터를 효율적으로 조회할 수 있는 기능적인 명령어로 *, ALIAS, DISTINCT가 있습니다. SELECT절에서 사용할 수 있는 표현식에 대해 상세히 알아봅니다.

01. *(모든 칼럼을 보여줘)

데이터 3.1.1

　* 표현식은 SELECT절에서 사용할 때 모든 칼럼을 의미하는 축약어 역할을 합니다. 예를 들어 특정 테이블의 모든 칼럼을 조회하고 싶어서 SELECT절에 칼럼을 모두 작성했더니 쿼리문이 복잡해졌을 때 *을 주로 사용합니다. *은 테이블의 칼럼을 SELECT절에 전부 입력하지 않아도 전체 칼럼을 불러오고 사용 방법 또한 SELECT절에 *만 붙이면 되어 어렵지 않게 사용할 수 있습니다.

사용 방법

```
SELECT      *  ← 모든 칼럼(항목)을 보여줘
FROM        테이블명
```

　STAFF 테이블의 employee_id, enployee_name 등 6개의 칼럼을 전부 조회하기 위해서는 다음과 같이 두 가지 방법으로 쿼리문을 작성합니다.

▶ 방법 ❶

```
SELECT  employee_id, employee_name, gender, birth_date, department_id, position
FROM    staff
```

▶ 방법 ❷

```
SELECT  *
FROM    staff
```

방법 ❶은 데이터 조회의 기본 방법으로 STAFF 테이블의 칼럼을 모두 조회하기 위해 SELECT절에 칼럼명을 전부 작성했고 방법 ❷는 SELECT절에 *을 활용해 방법 ❶보다 쿼리문이 훨씬 단조롭고 간결해진 것을 확인할 수 있습니다.

실행 결과 3.2.1

EMPLOYEE_ID	EMPLOYEE_NAME	GENDER	BIRTH_DATE	DEPARTMENT_ID	POSITION
A001	권지수	F	1988-02-03	HR팀	과장
A002	이철희	M	1995-10-23	HR팀	사원
B003	김미나	F	1997-11-08	마케팅팀	대리
B004	신승민	M	2000-03-03	마케팅팀	사원

방법 ❶과 ❷의 쿼리문은 SELECT절에서 서로 다른 모습을 보이지만 궁극적으로 두 방법 모두 STAFF 테이블의 전체 칼럼을 조회하는 동일한 결괏값을 출력합니다.

02. ALIAS(AS)(칼럼의 별칭)

ALIAS 표현식은 보통 줄여서 AS로 표기하며 별칭을 붙여줍니다. 예를 들어 필자의 본명이 '이선영'인데 별명이 '릴리'라고 가정한다면 친구들이 저를 본명이 아닌 별명으로 불러도 응답할 겁니다. 이름만 다르게 불렀을 뿐 모두 같은 사람을 지칭하는 것이기 때문이죠. 또 그렇게 불렀다고 해서 원래 이름이 사라지는 것도 아닙니다. 그저 친구들이 부를 때만 '릴리'라는 별칭으로 불렸을 뿐입니다. 이처럼 SELECT절에서 AS는 칼럼명 변경 없이 조회될 때만 별칭으로 출력해 주는 역할을 합니다.

사용 방법은 간단합니다. 칼럼명 뒤에 AS를 붙인 다음 원하는 별칭명을 작성하면 됩니다. 그럼 데이터 상에서 칼럼명은 변경되지 않지만 출력된 결과에는 별칭명으로만 보입니다.

사용 방법

```
SELECT      칼럼명 AS 별칭명      출력할 때 앞의 칼럼명을 이 별칭명으로 보여줌
FROM        테이블명
```

STAFF 테이블에서 임직원의 ID와 생년월일 정보를 알고 싶은데 이때 생년월일은 테이블의 칼럼명인 'birth_date'가 아니라 'dob'라고 출력하고 싶다면 다음과 같이 쿼리문을 작성합니다.

쿼리 3.2.2

```
SELECT      employee_id, birth_date AS dob
FROM        staff
```

실행 결과 3.2.2

EMPLOYEE_ID	DOB
A001	1988-02-03
A002	1995-10-23
B003	1997-11-08
B004	2000-03-03

쿼리문(3.2.2)을 바탕으로 STAFF 테이블에서 임직원의 ID 정보가 있던 employee_id는 칼럼명을 그대로 가져왔지만 birth_date 칼럼의 정보는 AS 표현식으로 인해 dob라는 별칭으로 출력된 것을 확인할 수 있습니다.

03. DISTINCT(중복은 싫어)

DISTINCT는 테이블의 데이터 중 중복되는 정보를 제거해 값을 조회하고 싶을 때 사용합니다. 사용 방법은 간단합니다. SELECT절에 DISTINCT를 작성한 후 중복 값을 제거하고 싶은 칼럼명을 작성합니다.

사용 방법

```
                    ❷ 중복이면 중복을 제외하고 한 번만 출력해줘
   SELECT     DISTINCT 칼럼명    ❶ 이 칼럼에 대한 값이
   FROM       테이블명
```

STAFF 테이블에서 gender 칼럼의 데이터 중 중복 값을 제거해 출력하고 싶다면 다음과 같이 쿼리문을 작성합니다.

쿼리 3.2.3

```
SELECT     DISTINCT gender
FROM       staff
```

실행 결과 3.2.3

GENDER
F
M

쿼리문(3.2.3)을 바탕으로 DISTINCT 표현식으로 인하여 STAFF 테이블의 gender 칼럼에서 중복 값이 제거된 실행 결과를 확인할 수 있습니다.

■ **DISTINCT 처리 과정**

SELECT gender

FROM   staff

GENDER
F
M
F
M

SELECT DISTINCT gender

FROM   staff

GENDER
F
M
~~F~~	첫 번째 행 'F' 값이랑 중복 → 삭제
~~M~~	두 번째 행 'M' 값이랑 중복 → 삭제

그렇다면 만약 중복 값을 제거해야 하는 칼럼이 하나가 아니라 여러 개라면 어떻게 할까요? DISTINCT는 SELECT절에 작성한 칼럼 전체를 바탕으로 중복 여부를 판단하기 때문에 중복 값의 제거가 필요한 칼럼을 쉼표로 이어 작성해 주면 됩니다.

STAFF 테이블에서 gender, position 칼럼의 데이터 중 중복 값을 제거해 출력하고 싶다면 다음과 같이 쿼리문을 작성합니다.

쿼리 3.2.4

```
SELECT      DISTINCT gender, position
FROM        staff
```

실행 결과 3.2.4

GENDER	POSITION
F	과장
M	사원
F	대리

쿼리문(3.2.4)을 바탕으로 STAFF 테이블의 gender, position 칼럼에서 중복 값이었던 네 번째 행이 제거된 실행 결과를 확인할 수 있습니다.

■ **DISTINCT 처리 과정**

SELECT gender, position	SELECT DISTINCT gender, position
FROM staff	FROM staff

GENDER	POSITION
F	과장
M	사원
F	대리
M	사원

GENDER	POSITION
F	과장
M	사원
F	대리
~~M~~	~~사원~~

두 번째 행 gender='M' 이면서
position='사원' 값이랑 중복 → 삭제

궁금해요

함수랑 표현식은 완전히 다른 개념인가요?

표현식은 데이터를 효율적으로 조회하기 위한 기능 중 하나로 SELECT절에서만 사용 가능하며 사용 방법도 각각 다르기 때문에 쿼리문 작성 전 확인은 필수입니다. 반면 함수는 SELECT절뿐만 아니라 WHERE, GROUP BY절 등에서 모두 사용할 수 있으며 사용 방법도 공통적인 형식을 띠고 있습니다. 함수에 대한 더 자세한 내용은 [Section 03]에서 본격적으로 다룹니다.

SQL 함수 : 주어진 재료를 가공해 원하는 결과 얻기

데이터의 정확한 분석을 위해 필요한 SQL 함수에 대해서 알아봅니다.

01. SQL 함수란?

사과를 가공해 사과잼을 만드는 것처럼 SQL 함수는 테이블의 칼럼을 가공해 결괏값을 만듭니다. 좀 더 쉽게 이야기하면 사과는 테이블의 칼럼이며 가공은 함수를 적용하는 것이고 사과잼을 결괏값이라고 볼 수 있습니다. 정리해 보면 가공 전 원재료가 테이블의 칼럼이고, 이 재료의 가공처리를 돕는 것이 함수이며 가공된 함수의 결과로 새로운 값이 만들어지게 되는 겁니다. SQL 함수는 관점에 따라 부르는 명칭과 종류가 조금씩 다른데 우리 책은 크게 문자열, 숫자, 날짜, 순위 함수로 나누었으며 기본 함수와 더불어 실무에서 자주 사용하는 함수 위주로 살펴보겠습니다.

사과 〉 가공 〉 사과잼

칼럼명 —함수→ 결괏값

02. 문자열 함수

문자 데이터와 관련해 자주 사용되는 대표적인 문자열 함수입니다.

문자열 함수명	문자열 함수 설명	문자열 함수 사용 예	실행 결과
LEFT	문자열 왼쪽 첫 번째 자리부터 지정한 개수만큼 문자를 가져온다.	LEFT('abcd', 2)	ab
RIGHT	문자열 오른쪽 첫 번째 자리부터 지정한 개수만큼 문자를 가져온다.	RIGHT('abcd', 2)	cd
SUBSTRING	문자열 중간 N번째 자리부터 지정한 개수만큼 문자를 가져온다.	SUBSTRING('abcde', 2, 3)	bcd
LEN	문자열의 길이를 구한다.	LEN('abcd')	4
CONCAT	문자열과 문자열을 이어서 가져온다.	CONCAT('a', 'b', 'c')	abc
REPLACE	문자열에서 특정 문자를 찾아 다른 문자로 변경한다.	REPLACE('abcb', 'b', 'e')	aece
ISNULL	문자열의 값이 NULL값인 경우 특정 문자로 보여준다.	ISNULL(NULL, 'x') ISNULL('abc', 'x')	x abc
CHARINDEX	찾고 싶은 문자를 문자열에서 찾아 위치를 알려준다.	CHARINDEX('b', 'abc')	2

LEFT : 문자열 왼쪽에서부터 N개만 가져와줘

LEFT 함수는 문자열 왼쪽 첫 번째 자리부터 시작해 지정한 개수만큼 문자를 출력할 때 사용합니다. LEFT 함수의 사용 방법은 함수 작성 후 괄호 속 첫 인수 자리에 칼럼명을 작성하거나 직접 값을 입력해 사용합니다.[*]

---

[*] MS-SQL의 LEFT 함수는 엑셀의 LEFT 함수와 사용 방법 및 기능이 동일합니다.

> 구문 : LEFT(칼럼명, 숫자)
>
> 해석 : LEFT(<u>이 칼럼의</u>, <u>왼쪽에서부터 N개의 문자를 출력해줘</u>)
>   ❶   ❷

LEFT 함수의 사용 방법을 확인했다면 실제 어떻게 사용되고 있는지 살펴보겠습니다.

데이터 3.3.1

▶ APPAREL_PRODUCT_INFO : 의류 제품에 대한 정보

▶ 칼럼은 차례대로 제품 ID(제품에 고유하게 부여한 ID), 제품의 카테고리명(대분류), 카테고리명(중분류), 제품명, 제품 가격의 정보를 갖는 테이블입니다.

product_id	category1	category2	product_name	price
JK_23FW_01	아우터	재킷	블랙 트위드 재킷	80,000
JK_23FW_02	아우터	재킷	헤링본 울 재킷	100,000
CD_23FW_03	아우터	카디건	캐시미어 카디건	40,000
BL_22SS_04	상의	블라우스	스트라이프 블라우스	35,000
SK_23SS_05	하의	치마	플레어 스커트	40,000
OP_22SS_06	원피스	NULL	데님 원피스	55,000

APPAREL_PRODUCT_INFO 테이블의 NULL값이란 데이터가 없는 빈값을 의미합니다. SQL 입문자분들은 빈값을 흔히 공백 혹은 0과 혼동하기 쉬운데 이 둘과는 엄연히 구분되는 개념입니다. 왜냐하면 DBMS에서 공백은 문자로 인식되고 0은 숫자로 인식되는 값이기 때문입니다. 그러니 NULL값은 무엇이든 들어올 수 있는 열려 있는 값, 아직은 채워지지 않은 의미의 빈값으로 생각해 주세요.

LEFT 함수를 활용해 APPAREL_PRODUCT_INFO 테이블에서 product_id 칼럼의 맨 앞 두 자리 문자만 출력하고 싶다면 다음과 같이 쿼리문을 작성할 수 있습니다.

```
SELECT product_id, LEFT(product_id, 2) AS 함수적용결과
FROM    apparel_product_info
```

실행 결과 3.3.1

PRODUCT_ID	함수적용결과
JK_23FW_01	JK
JK_23FW_02	JK
CD_23FW_03	CD
BL_22SS_04	BL
SK_23SS_05	SK
OP_22SS_06	OP

쿼리문(3.3.1)을 바탕으로 APPAREL_PRODUCT_INFO 테이블의 product_id 칼럼에 대한 LEFT 함수 실행 결과를 확인할 수 있습니다.

📢 핵심체크 ···

```
LEFT(product_id, 2)
```
❶ product_id 칼럼의   ❷ 왼쪽에서부터 두 개의 문자를 출력해줘

PRODUCT_ID	함수적용결과
JK_23FW_01	JK
JK_23FW_02	JK
CD_23FW_03	CD
BL_22SS_04	BL
SK_23SS_05	SK
OP_22SS_06	OP

SUBSTRING : 문자열 중간 N번째 자리부터 N개만 출력해줘

SUBSTRING 함수는 문자열 중간 N번째 자리부터 지정한 개수만큼 문자를 출력할 때 사용합니다. LEFT와 RIGHT 함수의 경우 왼쪽과 오른쪽으로 시작 방향이 설정되어 무조건 해당 방향의 첫 번째 자리부터 값을 출력해야 하지만 SUBSTRING은 원하는 시작 지점을 정해 사용할 수 있다는 점에서 유연성이 매우 높습니다.

사용 방법

```
구문 : SUBSTRING(칼럼명, 숫자, 숫자)
해석 : SUBSTRING(이 칼럼의, N번째 자리부터 시작해, N개의 값을 출력해줘
                   ❶           ❷              ❸
```

SUBSTRING 함수의 사용 방법을 확인했다면 실제 어떻게 사용되고 있는지 살펴보겠습니다.

APPAREL_PRODUCT_INFO 테이블에서 product_id 칼럼의 의류 시즌 표기인 'FW', 'SS' 문자만 출력하고 싶다면 다음과 같이 쿼리문을 작성할 수 있습니다.

쿼리 3.3.2

```
SELECT  product_id, SUBSTRING(product_id, 6, 2) AS 함수적용결과
FROM    apparel_product_info
```

실행 결과 3.3.2

PRODUCT_ID	함수적용결과
JK_23FW_01	FW
JK_23FW_02	FW
SK_23SS_05	SS
OP_22SS_06	SS

＊ MS-SQL의 SUBSTRING 함수는 엑셀의 MID 함수와 사용 방법 및 기능이 동일합니다.

쿼리문(3.3.2)을 바탕으로 APPAREL_PRODUCT_INFO 테이블의 product_id 칼럼에 대한 SUBSTRING 함수 실행 결과를 확인할 수 있습니다.

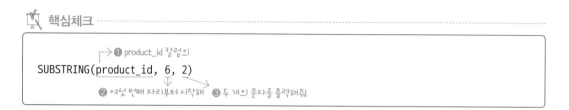

PRODUCT_ID	함수적용결과
JK_23FW_01	FW
JK_23FW_02	FW
SK_23SS_05	SS
OP_22SS_06	SS

CONCAT : 문자열과 문자열을 이어서 출력해줘

CONCAT 함수는 각 칼럼의 문자를 연이어 한 단어로 출력할 때 사용합니다. 사용 방법은 보통의 문자열 함수처럼 인수 자리에 칼럼명을 작성하거나 직접 값을 입력합니다.

사용 방법

```
구문 : CONCAT(칼럼명, 칼럼명, …)
해석 : CONCAT(이 칼럼의 값에, 이 칼럼 값을 붙여 출력해줘)
                 ❶              ❷
```

CONCAT 함수의 사용 방법을 확인했다면 실제 어떻게 사용되고 있는지 살펴보겠습니다.

APPAREL_PRODUCT_INFO 테이블에서 category1과 category2 칼럼의 문자를 하나의 문자로 출

＊ MS-SQL의 CONCAT 함수는 엑셀의 CONCAT, CONCATENATE 함수와 사용 방법 및 기능이 동일합니다.

력한 후 두 문자 사이에 부등호를 추가해 '아우터>재킷'처럼 출력하고 싶다면 다음과 같이 쿼리문을 작성할 수 있습니다.

쿼리 3.3.3*

```
SELECT category1, category2, CONCAT(category1,'>',category2) AS 함수적용결과
FROM    apparel_product_info
```

실행 결과 3.3.3

CATEGORY1	CATEGORY2	함수적용결과
아우터	재킷	아우터>재킷
하의	치마	하의>치마
원피스	NULL	원피스>

　쿼리문(3.3.3)을 바탕으로 APPAREL_PRODUCT_INFO 테이블의 category1과 category2 칼럼이 CONCAT 함수의 실행 결과로 부등호 문자값이 추가된 하나의 문자가 되었음을 확인할 수 있습니다.

📐 핵심체크

---

* 칼럼명이 아닌 문자값을 쿼리문에 작성할 때는 작은따옴표로 반드시 문자값을 표시해 줘야 합니다. 따라서 쿼리문(3.3.3)도 부등호 문자를 작성할 때 '>'로 작성했습니다.

CATEGORY1		CATEGORY2	함수적용결과
아우터	>	재킷	아우터>재킷
아우터	>	재킷	아우터>재킷
아우터	>	카디건	아우터>카디건
상의	>	블라우스	상의>블라우스
하의	>	치마	하의>치마
원피스	>	NULL	원피스>

REPLACE : 문자열에서 특정 문자를 찾아 다른 문자로 변경해줘

REPLACE 함수는 문자열에서 특정 문자를 찾은 후 해당 문자를 다른 문자로 변경해 출력할 때 사용하는 함수입니다.

사용 방법

```
구문  : REPLACE(칼럼명, '문자', '문자')
해석  : REPLACE(이 칼럼에서, 해당 문자를 찾아, 이 문자로 변경해줘)
                    ❶              ❷                  ❸
```

REPLACE 함수의 사용 방법을 확인했다면 실제 어떻게 사용되고 있는지 살펴보겠습니다.

APPAREL_PRODUCT_INFO 테이블에서 product_id 칼럼의 문자에 'Fall'을 의미하는 'F'를 'Autumn'의 'A'로 변경해 출력하고 싶다면 다음과 같이 쿼리문을 작성할 수 있습니다.

쿼리 3.3.4

```
SELECT  product_id, REPLACE(product_id, 'F', 'A') AS 함수적용결과
FROM    apparel_product_info
```

PRODUCT_ID	함수적용결과
JK_23FW_01	JK_23AW_01
JK_23FW_02	JK_23AW_02
CD_23FW_03	CD_23AW_03
BL_22SS_04	BL_22SS_04
SK_23SS_05	SK_23SS_05
OP_22SS_06	OP_22SS_06

쿼리문(3.3.4)을 바탕으로 APPAREL_PRODUCT_INFO 테이블의 product_id 칼럼에 문자 'F'가 모두 'A'로 변경되어 출력된 것을 확인할 수 있습니다.

핵심체크

PRODUCT_ID	함수적용결과
JK_23FW_01	JK_23AW_01
JK_23FW_02	JK_23AW_02
CD_23FW_03	CD_23AW_03
BL_22SS_04	BL_22SS_04
SK_23SS_05	SK_23SS_05
OP_22SS_06	OP_22SS_06

ISNULL : 문자열의 값이 NULL값이면 특정값을, 그렇지 않으면 칼럼 값을 출력해줘

ISNULL 함수는 문자열의 값이 NULL값이면 작성한 특정값(두 번째 인수값)을 그렇지 않으면 칼럼 값을 그대로 출력할 때 사용합니다.

사용 방법

```
구문 : ISNULL(칼럼명, 문자)
해석 : ISNULL(이 칼럼값이, NULL값이면 특정값을 그렇지 않으면 ❶번의 칼럼 값 그대로
            ❶                                        ❷
출력해줘)
```

ISNULL 함수의 사용 방법을 확인했다면 실제 어떻게 사용되고 있는지 살펴보겠습니다.

APPAREL_PRODUCT_INFO 테이블에서 category2 칼럼 값이 NULL값이면 '정보없음'으로 NULL값이 아니면 칼럼 값 그대로 출력하고 싶다면 다음과 같이 쿼리문을 작성할 수 있습니다.

쿼리 3.3.5

```
SELECT category2, ISNULL(category2, '정보없음') AS 함수적용결과
FROM    apparel_product_info
```

실행 결과 3.3.5

CATEGORY2	함수적용결과
재킷	재킷
재킷	재킷
카디건	카디건
블라우스	블라우스
치마	치마
NULL	정보없음

* SQL의 COALESCE 함수도 ISNULL 함수와 사용 방법 및 기능이 동일합니다.

쿼리문(3.3.5)을 바탕으로 APPAREL_PRODUCT_INFO 테이블의 category2 칼럼 값이 NULL값이면 '정보없음'이, NULL값이 아니면 기존의 '칼럼값'이 그대로 출력된 것을 확인할 수 있습니다.

 핵심체크

➊ category2 칼럼의 값이 NULL값이 아니면 '칼럼 값' 그대로 출력해줘
ISNULL(category2, '정보없음')
➋ NULL값이면 '정보없음'으로 출력해줘

CATEGORY2	함수적용결과
재킷 ──────→	재킷
재킷 ──────→	재킷
카디건 ─────→	카디건
블라우스 ────→	블라우스
치마 ──────→	치마
NULL ·······→	정보없음

03. 숫자 함수

숫자 데이터와 관련해 자주 사용되는 대표적인 숫자 함수입니다.

숫자 함수명	숫자 함수 설명	숫자 함수 사용 예	실행 결과
SIGN	숫자가 양수, 음수, 0인지를 구분해 출력한다(양수는 1, 음수는 -1, 0은 0으로 출력한다).	SIGN(-20)	-1
ABS	숫자의 절댓값을 출력한다.	ABS(-3.12)	3.12
CEILING	숫자를 올림하여 정수 자리까지 출력한다.	CEILING(3.2)	3
FLOOR	숫자를 내림하여 정수 자리까지 출력한다.	FLOOR(3.2)	4
ROUND	숫자를 반올림하여 지정한 소수점 자리까지 출력한다.	ROUND(3.123,2)	3.12

POWER	숫자를 거듭제곱하여 출력한다(숫자 n).	POWER(2,3)	8
SQRT	숫자를 제곱근하여 출력한다(루트).	SQRT(9)	3

ABS : 숫자의 연산기호(+, −)를 제외하고 절댓값만 출력해줘

ABS 함수는 숫자의 연산기호(+, −)를 제외하고 오직 절댓값만 출력하는 함수입니다.

사용 방법

구문 : ABS(칼럼명)

해석 : ABS(이 칼럼 값이 양수나 0이면 값을 그대로 보여주고 음수이면 −를 제외하고 출력해줘)

❶

ABS 함수의 사용 방법을 확인했다면 실제 어떻게 사용되고 있는지 살펴보겠습니다.

데이터 3.4.1

▶ SALES : 매출에 대한 정보

▶ 칼럼은 차례대로 판매일자, 환불일자, 판매된 제품명, 원화 판매액, 달러 판매액의 정보를 갖는 테이블입니다.

order_date	refund_date	product_name	sales_amount	sales_amount_usd
2023-01-01	NULL	신발	80000	60.38
NULL	2023-01-02	신발	-80000	-60.38
2023-02-10	NULL	책	40000	30.19
2023-02-10	NULL	카디건	35000	26.42
2023-03-31	NULL	신발	40000	30.19

SALES 테이블에서 sales_amount 칼럼의 절댓값만 출력하고 싶다면 다음과 같이 쿼리문을 작성할 수 있습니다.

＊ MS−SQL의 ABS 함수는 엑셀의 ABS 함수와 사용 방법 및 기능이 동일합니다.

```
SELECT sales_amount, ABS(sales_amount) AS 함수적용결과
FROM    sales
```

실행 결과 3.3.6

SALES_AMOUNT	함수적용결과
80000	80000
-80000	80000
40000	40000
35000	35000
40000	40000

쿼리문(3.3.6)을 바탕으로 SALES 테이블의 sales_amount 칼럼의 값에 음수(-)가 제거된 절대값만 출력된 것을 확인할 수 있습니다.

 핵심체크 --

```
ABS(sales_amount)
```
❶ sales_amount의 칼럼 값이 양수 혹은 0이면 값 그대로, 음수이면 -를 제외하고 출력해줌

SALES_AMOUNT	함수적용결과
80000 ──────────⟶	80000
-80000 ··········⟶ 음수는	80000 -를 제외하고 출력
40000 ──────────⟶	40000
35000 ──────────⟶	35000
40000 ──────── 양수는 ⟶	40000 값 그대로 출력

CEILING : 특정 숫자를 올림해 같거나 더 큰 정숫값을 출력해줘

CEILING 함수는 특정 숫자를 올림하여 같거나 더 큰 정숫값을 출력하는 함수입니다.[*]

사용 방법

> 구문 : CEILING(숫자)
>
> 해석 : CEILING(이 숫자를 올림해 같거나 더 큰 정숫값을 출력해줘)
> ❶

CEILING 함수에 대한 사용 방법을 알아보았습니다. CEILING 함수는 양수 값과 음수 값의 결과를 혼동하는 경우가 많아 다음 예시와 함께 좀 더 자세히 살펴보겠습니다.

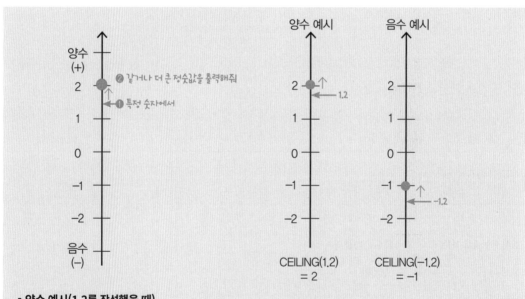

• 양수 예시(1.2를 작성했을 때)

1.2는 정수가 아니므로 올림하여 큰 정숫값을 찾아야 하고 2라는 결괏값을 출력합니다.

• 음수 예시(-1.2를 작성했을 때)

-1.2는 정수가 아니므로 올림하여 큰 정숫값을 찾아야 하고 -1이라는 결괏값을 출력합니다.

---

[*] MS-SQL의 CEILING 함수는 DBMS에 따라 CEIL 함수로 사용되기도 합니다.

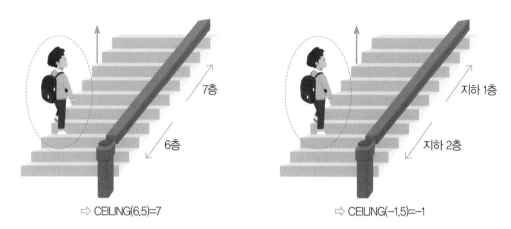

CEILING 함수는 건물에서 현재 위치보다 높은 층을 생각하면 쉽습니다.

　박스의 그래프처럼 CEILING 함수는 특정 숫자보다 더 위에 있는 값을 출력한다고 생각하면 됩니다. 만약 우리가 어떤 건물의 6층과 7층 사이에 있다면 우리에게 더 높은 층은 7층입니다. 이를 CEILING 함수로 표현한다면 CEILING(6.5)이며 이에 대한 양수의 결괏값은 7입니다. 반대로 음수 값을 생각해 보겠습니다. 우리가 어떤 건물의 지하 1층과 지하 2층 사이에 있다면 우리에게 더 높은 층은 지하 1층입니다. 이를 CEILING 함수로 표현한다면 CEILING(-1.5)이며 이에 대한 음수의 결괏값은 -1입니다. 함수명 그대로 천장이라는 의미를 생각하면 헷갈리지 않게 이해할 수 있습니다. CEILING 함수의 개념과 원리를 확실히 이해했다면 반대 개념인 FLOOR 함수도 어렵지 않습니다. 함수의 이름처럼 특정 숫자보다 더 아래에 있는 값을 출력해 주는 함수입니다.

　이제 CEILING 함수가 실제 어떻게 사용되고 있는지 살펴보겠습니다. SALES 테이블에서 sales_amount_usd 칼럼의 값을 올림해 같거나 더 큰 정숫값을 출력하고 싶다면 다음과 같이 쿼리문을 작성할 수 있습니다.

```
SELECT  sales_amount_usd
      , CEILING(sales_amout_usd) AS 함수적용결과
FROM    sales
```

실행 결과 3.3.7

SALES_AMOUNT_USD	함수적용결과
60.38	61
-60.38	-60
30.19	31
26.42	27
30.19	31

쿼리문(3.3.7)을 바탕으로 SALES 테이블의 sales_amount_usd 칼럼의 값과 같거나 큰 정숫값이 출력된 것을 확인할 수 있습니다.

핵심체크

```
CEILING(sales_amount_usd)
        ❶ sales_amount_usd 칼럼의 값과 같거나 더 큰 정숫값을 출력해줘
```

SALES_AMOUNT_USD	함수적용결과
60.38	61
-60.38	-60
30.19	31
26.42	27
30.19	31

ROUND : 특정 숫자를 반올림해 지정한 소수점 자리까지 출력해줘

ROUND 함수는 특정 숫자를 반올림해 지정한 소수점 자리까지 출력하는 함수입니다.

사용 방법

> 구문 : ROUND(숫자, 숫자)
>
> 해석 : ROUND(이 숫자를 반올림해서, 이 소수점 자리까지 출력해줘)
>   ❶   ❷

ROUND 함수에 대한 사용 방법을 알아보았습니다. ROUND 함수는 두 번째 인수에 양수 값을 입력하는 경우와 음수 값을 입력하는 경우의 결과를 혼동하는 경우가 많아 다음 예시와 함께 좀 더 자세히 살펴보겠습니다.

▪ 반올림 결괏값 자릿수

숫자 :   8   8   8 .   8   8   8
              ↑   ↑   ↑   ↑   ↑   ↑
자릿수 :   -2   -1   0   1   2   3

▪ 두 번째 인수에 1을 입력했을 때

숫자 :   8   8   8 .   8 | 8   8
자릿수 :   1

⇨ ROUND(888.888, 1)=888.9

ROUND(888.888, 1)은 소수점 첫 번째 자리까지만 결괏값을 출력하라는 의미로 소수점 두 번째 자리에서 반올림하여 888.9의 결괏값을 출력합니다.

▪ 두 번째 인수에 -1을 입력했을 때

숫자 :   8   8 | 8 .   8   8   8
자릿수 :   -1

⇨ ROUND(888.888, -1)=890

ROUND(888.888, -1)은 십의 자리까지만 결괏값을 출력하라는 의미로 일의 자리에서 반올림하여 890이라는 결괏값을 출력합니다.

---

* MS-SQL의 ROUND 함수는 엑셀의 ROUND 함수와 사용 방법 및 기능이 동일합니다.

ROUND 함수의 개념과 원리를 확실히 이해했다면 실제 어떻게 사용되고 있는지 살펴보겠습니다.

SALES 테이블에서 sales_amount_usd 칼럼의 값을 반올림해 소수점 첫 번째 자리와 십의 자리까지만 결괏값을 출력하고 싶다면 다음과 같이 쿼리문을 작성할 수 있습니다.

쿼리 3.3.8

```
SELECT sales_amount_usd
     , ROUND(sales_amount_usd,1)  AS 함수적용결과1
     , ROUND(sales_amount_usd,0)  AS 함수적용결과2
     , ROUND(sales_amount_usd,-1) AS 함수적용결과3
FROM   sales
```

실행 결과 3.3.8

SALES_AMOUNT_USD	함수적용결과1	함수적용결과2	함수적용결과3
60.38	60.4	60	60
-60.38	-60.4	-60	-60
30.19	30.2	30	30
26.42	26.4	26	30
30.19	30.2	30	30

쿼리문(3.3.8)을 바탕으로 함수적용결과1은 SALES 테이블의 sales_amount_usd 칼럼 값에서 소수점 두 번째 자리에서 반올림해 소수점 첫 번째 자리로 결과값을 출력했고 함수적용결과2는 소수점 첫 번째 자리에서 반올림해 정수의 결과값을 출력했으며 마지막 함수적용결과3은 일의 자리에서 반올림해 십의 자리로 결괏값이 출력된 것을 확인할 수 있습니다.

> ❷ 소수점 첫 번째 자릿수까지 출력해줌
> ROUND(sales_amount_usd,1)
> ❶ sales_amount_usd 칼럼의 값을 반올림해서

sales_amount_usd		함수적용결과1
60.3	8 소수점 두 번째 자리에서 반올림	60.4
-60.3	8 해 첫 번째 자릿 수까지 출력	-60.4
30.1	9	30.2
26.4	2	26.4
30.1	9	30.2

꿀팁

MS-SQL에서 절삭 처리는 ROUND 함수를 사용해요

SQL의 TRUNK 함수는 숫자 함수 중 절삭 처리 함수의 대표이지만 아쉽게도 MS-SQL에서는 해당 함수를 지원하고 있지 않습니다. 대신, 이 기능은 ROUND 함수로 대체할 수 있습니다. 사용 방법은 간단합니다. 세 번째 인수 자리에 0을 제외한 정숫값을 작성해 사용합니다. 예를 들어 ROUND(23.456, 2, 1)처럼 세 번째 인수에 정 숫값 1을 입력하면 결괏값은 23.45로 소수점 두 번째 자리 이후 절삭 처리되어 결과가 출력된 것을 확인할 수 있습니다. 참고로 ROUND 함수의 세 번째 인수는 실무에서 잘 사용하지 않으며 대부분 반올림 기능으로 사용하고 있으니 반드시 절삭 처리가 필요할 때만 세 번째 인수에 값을 넣어 사용해 주세요.

데이터 3.4.1

04. 날짜 함수

날짜 데이터와 관련해 자주 사용되는 대표적인 날짜 함수입니다.

날짜 함수명	날짜 함수 설명	날짜 함수 사용 예	실행 결과
GETDATE	현재 원하는 날짜 및 시간을 출력한다.	GETDATE( )	2023-03-01 10:15:28.320
DATEADD	특정 날짜에서 기간 및 시간(연, 월, 일 등)을 더한다.	DATEADD(DAY,+1, '2023-03-01')	2023-03-02

DATEDIFF	두 날짜 사이의 기간 및 시간(연, 월, 일 등) 차이를 출력한다.	DATEDIFF(DAY, '2023-03-01', '2023-03-03')	2
YEAR	특정 날짜의 연도에 해당하는 값을 출력한다.	YEAR('2023-03-01')	2023
MONTH	특정 날짜의 월에 해당하는 값을 출력한다.	MONTH('2023-03-01')	3
DAY	특정 날짜의 일에 해당하는 값을 출력한다.	DAY('2023-03-01')	1

DATEADD : 특정 날짜에 원하는 기간 및 시간을 더해 출력해줘

DATEADD 함수는 특정 날짜에 원하는 기간 및 시간을 더해주는 함수입니다. 여기서 원하는 시간 간격은 연(year), 분기(quarter), 월(month), 주(week), 일(day), 시(hour), 분(minute), 초(second)에 대한 기준을 사용하고 연산은 정수를 입력해 양수뿐만 아니라 음수의 값도 입력할 수 있습니다. 만약 연산에 음수를 입력하면 원래 날짜에서 시간을 거스르는 것이기 때문에 작성한 날짜보다 과거의 값이 출력됩니다.

사용 방법

```
구문 : DATEADD(기간 및 시간 기준, 더해줄 정수, 특정 날짜)
해석 : DATEADD(기간 및 시간 기준으로, 이 값을 더해줘, 특정 날짜에)
                       ❷               ❸            ❶
```

DATEADD 함수의 사용 방법을 확인했다면 실제 어떻게 사용되고 있는지 살펴보겠습니다.

SALES 테이블에서 order_date 칼럼의 값에 1년을 빼고 이틀을 더한 값을 출력하고 싶다면 다음과 같이 쿼리문을 작성할 수 있습니다.

쿼리 3.3.9

```
SELECT order_date
     , DATEADD(YEAR, -1, order_date) AS 함수적용결과1
     , DATEADD(DAY, +2, order_date)  AS 함수적용결과2
FROM   sales
```

ORDER_DATE	함수적용결과1	함수적용결과2
2023-01-01	2022-01-01	2023-01-03
NULL	NULL	NULL
2023-02-10	2022-02-10	2023-02-12
2023-02-10	2022-02-10	2023-02-12
2023-03-31	2022-03-31	2023-04-02

쿼리문(3.3.9)을 바탕으로 함수적용결과1은 order_date 칼럼 값 중 연도(year)에 −1 연산을 적용해 연도(year)의 결괏값이 1년 전으로 출력됐으며 함수적용결과2는 order_date 칼럼 값 중 일(day)에 +2 연산을 적용해 일(day)의 결괏값이 이틀 후로 출력된 것을 확인할 수 있습니다.

 핵심체크 ┈┈

DATEADD(year,-1,order_date) AS 함수적용결과1
❷ 연도에서   ❸ 1을 빼줌   ❶ order_date 칼럼의

ORDER_DATE	함수적용결과1
2023-01-01 year(연도)	2022-01-01 −1
NULL	NULL (NULL은 어떠한 값을 더하거나 빼도 NULL값입니다)
2023-02-10	2022-02-10
2023-02-10	2022-02-10
2023-03-31	2022-03-31

DATEDIFF : 두 날짜 사이의 기간 및 시간 차이를 출력해줘

DATEDIFF 함수는 두 날짜 사이의 기간 및 시간 차이를 출력하는 함수입니다. DATEADD 함수와 동일하게 연(year), 분기(quarter), 월(month), 주(week), 일(day), 시(hour), 분(minute), 초(second)의 시간에 대한 기준을 설정해 두 날짜의 차이를 출력할 수 있습니다.

구문 : DATEDIFF(기간 간격 기준, 날짜1, 날짜2)

해석 : DATEDIFF(이 기간을 기준으로, 이 날짜와 얼만큼 차이가 있는지 출력해줘, 이 날짜가)

            ❷   ❸   ❶

DATEDIFF 함수의 사용 방법을 알아보았습니다. 결괏값이 출력되는 과정을 좀 더 자세히 설명하자면 DATEDIFF 함수는 세 번째 인수에 작성한 날짜에서 두 번째 인수의 날짜를 뺀 값이 출력되므로 두 번째 인수의 날짜가 세 번째 인수의 날짜보다 미래라면 마이너스의 결괏값이 출력됩니다. 예를 들어 DATEDIFF(DAY, '2023-03-01', '2023-03-02')로 작성했다면 일(DAY)을 기준으로 +1 값이 출력되고 반대로 DATEDIFF(DAY, '2023-03-02', '2023-03-01')로 작성 시 −1 값이 출력됩니다. 또한, 두 날짜 사이의 차이는 기준에 따라 결괏값이 달라지기도 합니다. 예를 들어 '2023-03-10'과 '2024-01-01' 간의 연도(YEAR)를 기준으로 차이를 계산하면 일(day) 상관없이 연도의 차이 값인 +1 값이 출력됩니다. DATEDIFF 함수의 개념과 원리를 확실히 이해했다면 실제 어떻게 사용되고 있는지 살펴보겠습니다.

    SALES 테이블에서 order_date 칼럼의 현재 날짜(2023-04-01)와 월과 일의 차이 값을 출력하고 싶다면 다음과 같이 쿼리문을 작성할 수 있습니다.

쿼리 3.3.10

```
SELECT order_date
      , DATEDIFF(MONTH, order_date, '2023-04-01') AS 함수적용결과1
      , DATEDIFF(DAY, order_date, '2023-04-01')   AS 함수적용결과2
      , DATEDIFF(MONTH, '2023-04-01', order_date) AS 함수적용결과3
      , DATEDIFF(DAY, '2023-04-01', order_date)   AS 함수적용결과4
FROM   sales
```

ORDER_DATE	함수적용결과1	함수적용결과2	함수적용결과3	함수적용결과4
2023-01-01	3	90	-3	-90
NULL	NULL	NULL	NULL	NULL
2023-02-10	2	50	-2	-50
2023-02-10	2	50	-2	-50
2023-03-31	1	1	-1	-1

쿼리문(3.3.10)을 바탕으로 함수적용결과1은 order_date 칼럼의 특정 날짜와 '2023-04-01'의 월(MONTH)에 대한 차이 값이 바르게 출력됐으며 함수적용결과3은 함수적용결과1에서 두 번째 세 번째 인수의 순서만 바꿔서 출력한 결괏값입니다. 기준 날짜인 order_date 칼럼에서 '2023-04-01'과의 월에 대한 차이를 구하게 되면서 음수 값이 출력된 것을 확인할 수 있습니다.

함수적용결과2는 order_date 칼럼과 '2023-04-01'의 일(day)에 대한 차이 값이며 함수적용결과4는 함수적용결과2에서 두 번째 세 번째 인수의 순서만 바꿔서 출력한 결괏값입니다. 기준 날짜는 order_date의 칼럼 값이 값에서 '2023-04-01'과 일(day)에 대한 차이를 구하면 음수 값이 출력되는 것을 확인할 수 있습니다.

🔍 핵심체크

❶ 2023년 4월 1일 날짜가
DATEIFF(month, order_date, '2023-04-01') AS 함수적용결과
❷ 월 기준으로 ❸ order_date 칼럼의 값과 얼마나 차이가 있는지

현재 날짜		ORDER_DATE	함수적용결과
2023-04-01	3개월 차이	2023-01-01 ⟶	3
2023-04-01	NULL	NULL ⟶	NULL (NULL은 어떠한 값을 더하거나 빼도 NULL값입니다)
2023-04-01	2개월 차이	2023-02-10 ⟶	2
2023-04-01	2개월 차이	2023-02-10 ⟶	2
2023-04-01	1개월 차이	2023-03-31 ⟶	1

날짜 함수는 주로 언제 많이 사용하나요?

실무에서는 주로 고객의 구매 간격을 출력할 때 많이 사용하고 있습니다. 예를 들어 A 고객의 첫 구매 날짜와 두 번째 구매 날짜(재구매 날짜)의 차이 값을 출력해 첫 구매 이후 얼마의 시간이 지나야 재구매가 발생하는지 알기 위해 사용합니다. 또한, 이탈 예정 고객을 확인하기 위해서도 사용되는데 오늘 날짜로부터 마지막 구매 날짜와의 차이를 구해 이 값이 크다면 해당 고객은 최근 구매 이력이 없는 고객이므로 이탈될 가능성이 높다고 판단하는 근거가 됩니다.

이와 다르게 물류, 배송의 관점에서는 결제 시점 이후 예상되는 출고일이나 배송 완료일을 출력할 때 사용합니다. 사용 방법은 결제 시점으로부터 특정 날짜를 더하여 쉽게 확인할 수 있습니다(날짜 함수에 대한 실무 활용은 [Chapter 09]에서도 확인할 수 있습니다).

05. 순위 함수*

데이터 3.5.1

데이터의 순위와 관련해 자주 사용되는 대표적인 순위 함수입니다.

순위 함수명	순위 함수 설명	순위 함수 사용 예	실행 결과
RANK	값이 같은 경우 동일 순위로 책정하며 다음 순위는 동일 순위만큼 제외하고 매긴다.	RANK( ) OVER (ORDER BY score DESC)	1, 2, 2, 4…
DENSE_RANK	값이 같은 경우 동일 순위로 책정하며 동일 순위의 다음 순위는 동일 순위 바로 다음 순서로 매긴다.	DENSE_RANK( ) OVER (ORDER BY score DESC)	1, 2, 2, 3…
ROW_NUMBER	RANK나 DENSE_RANK 함수는 값이 같은 경우 동일 순위로 부여하는 데 반해 ROW_NUMBER는 값이 같더라도 고유한 순위로 책정된다.	ROW_RANK( ) OVER (ORDER BY score DESC)	1, 2, 3, 4…

순위 함수는 이름 그대로 테이블의 칼럼 값에 순위를 부여하기 위해 사용하는 함수로 앞서 배웠던 숫자 함수, 문자열 함수와 다른 윈도우 함수의 한 종류입니다. 일반 함수는 행별로 독립적인 결괏값을 출력하지만 윈도우 함수는 전체 데이터를 참조해 각 행의 결괏값을 출력합니다.

＊ 순위 함수의 데이터는 QR 코드와 SD에듀 홈페이지의 자료실에서 확인할 수 있습니다.

윈도우 함수는 함수명을 작성한 후 괄호에 재료가 되는 인수를 넣고 이어서 'OVER'를 작성합니다. OVER의 괄호에는 특정 범위를 기준으로 적용하겠다는 의미의 PARTITION BY와 특정 기준으로 정렬해 적용하겠다는 의미의 ORDER BY를 작성하게 됩니다(PARTITION BY와 ORDER BY는 윈도우 함수의 종류와 활용에 따라 생략되어 사용될 수도 있습니다).

순위 함수별 차이 : 동점자는 어떻게 순위를 정할까?

순위 함수에 대한 사용 방법을 살펴보겠습니다. 먼저 순위 함수는 순위를 매기는 목적에 따라 사용하는 함수에 조금씩 차이가 있습니다. 윈도우 함수 작성 방법을 참고해 순위 함수의 종류와 사용 방법을 알아보겠습니다.

사용 방법

구문 : 순위 함수( ) OVER (PARTITION BY 기준1, … ORDER BY 기준1, …)
해석 : 순위를 매겨줘 OVER (PARTITION BY 기준1별로 나눠서, ORDER BY 기준1이 높고·낮은 순서대로)
　　　　❸　　　　　　　　　　　　　　❶　　　　　　　　　　　　　❷

다른 일반 함수와 비교해 윈도우 함수는 쿼리문이 조금 복잡하여 설명을 추가해 보겠습니다. 먼저 출력을 원하는 알맞은 순위 함수를 선택하고 빈 괄호를 작성합니다(순위 함수의 경우 인수를 따로 작성하지 않아 빈 괄호만 작성합니다). 다음 OVER를 작성한 후 괄호 안에 PARTITION BY절을 입력해 줍니다. PARTITION BY절은 순위를 부여하는 데 있어 특정 파티션을 기준으로 대상을 나눠 순위를 매기고 싶을 때 작성합니다. 예를 들어 학급별로 학생들의 수학 점수 등수가 궁금하다면 PARTITION BY class로 작성할 수 있습니다(PARTITION BY절은 필수 절이 아니므로 필요에 따라 생략되어, 테이블의 전체 순위를 매기는 경우 생략합니다). 다음 ORDER BY절은 순위를 매기는 기준을 작성하고 동시에 이 값의 순위를 정하는 기준도 작성되어야 합니다. 만약 score라는 칼럼을 기준으로 이 값이 큰 경우부터 순위를 매기고 싶다면 큰 값에서 작은 값으로 내림차순 순위가 매겨지는 DESC를 함께 작성해줘야 합니다. 이와 반대로 작은 값에서 큰 값으로 오름차순 순위를 매기고 싶다면 오름차순을 의미하는 ASC를 기준 바로 뒤에 입력하면 됩니다. 만약 이 기준을 작성하지 않으면 기본적으로 오름차순(ASC)을 기준으로 순위를 매기게 됩니다. 순위 함수의 사용 방법을 확인했다면 실제 어떻게 사용되고 있는지 살펴보겠습니다.

다음 다섯 학생의 성적표 중 수학 점수를 기준으로 차례대로 등수를 매겨 보겠습니다.

학생	반	수학점수	RANK로 등수 정하기	DENSE_RANK로 등수 정하기	ROW_NUMBER로 등수 정하기
			전교등수	전교등수	전교등수
A	1반	100점	1등	1등	1등
B	1반	90점	2등	2등	2등
C	1반	90점	2등	2등	3등*
D	2반	80점	4등	3등*	4등*
E	2반	65점	5등	4등*	5등*

＊유념해서 보기

먼저 RANK 함수로 A~E 학생의 수학 점수 등수를 매겨보면 점수가 제일 높은 A 학생이 1등이 되고 B와 C 학생이 90점 동점으로 공동 2등이 되며 그다음 80점을 받은 D 학생은 RANK 함수의 규칙에 따라 3등이 아닌 네 번째 순서로 4등이 되고 제일 낮은 점수를 받은 E 학생은 5등이 됩니다.

DENSE_RANK 함수로 A~E 학생의 수학 점수 등수를 매겨보면 RANK 함수와 비슷하게 점수가 제일 높은 A 학생이 1등이 되고 B와 C 학생이 90점 동점으로 공동 2등이 되며 그다음 80점을 받은 D 학생은 DENSE_RANK 함수의 규칙에 따라 3등, 마지막 학생 E는 4등이 됩니다.

ROW_NUMBER 함수로 A~E 학생의 수학 점수 등수를 매겨보면 RANK와 DENSE_RANK 함수와 다르게 B와 C 학생이 90점 동점으로 같은 점수를 받더라도 개인의 고유한 점수로 판단해 각각 2등과 3등이 되고 그다음 80점과 65점을 받은 D와 E 학생 역시 ROW_NUMBER 규칙에 따라 4등과 5등이 됩니다. 다음은 이 순위 함수별 규칙에 따라 정리한 것을 바탕으로 쿼리문을 작성해 보겠습니다.

```
SELECT 학생
     , 수학점수
     , RANK() OVER (ORDER BY 수학점수 DESC)        AS rank등수
     , DENSE_RANK() OVER (ORDER BY 수학점수 DESC) AS dense_rank등수
     , ROW_NUMBER() OVER (ORDER BY 수학점수 DESC) AS row_number등수
  FROM   student_math_score
```

실행 결과 3.3.11

학생	수학점수	RANK 등수	DENSE_RANK 등수	ROW_NUMBER 등수
A	100	1	1	1
B	90	2	2	2
C	90	2	2	3
D	80	4	3	4
E	65	5	4	5

쿼리문(3.3.11)을 살펴보면 순위 함수별로 정리한 대로 등수가 바르게 출력된 것을 확인할 수 있습니다. 수학 점수에 따른 개인별 등수를 확인했으니 이제 전체 학생에 대한 전교 등수와 학급별로 반 등수를 살펴보겠습니다.

학생	Class	수학점수	전교등수	반등수
A	1반	100점	1등	1등
B	1반	90점	2등	2등
C	1반	90점	2등	2등
D	2반	80점	3등	1등
E	2반	65점	4등	2등

반 등수처럼 특정 범위를 나눠서 순위를 부여하는 건 쿼리문에 PARTITION BY를 작성해 주면 쉽게 출력할 수 있습니다. DENSE_RANK 함수를 기준으로 쿼리문을 작성해 보겠습니다.

전교 등수 (전체 중에서 몇 등?)	DENSE_RANK( ) OVER (ORDER BY 수학점수 DESC)
반 등수 (반별로 나눴을 때, 반에서 몇 등?)	DENSE_RANK( ) OVER (PARTITION BY class ORDER BY 수학점수 DESC) ❹ DENSE_RANK 방식으로　　❶ class 별로　　❷ 수학 점수가　　❸ 높은 순서대로 순위를 책정하겠다.

쿼리 3.3.12

```
SELECT     학생
         , Class
         , 수학점수
         , DENSE_RANK() OVER (ORDER BY 수학점수 DESC)  AS 전교등수
         , DENSE_RANK() OVER (PARTITION BY class ORDER BY 수학점수 DESC) AS 반등수
FROM       student_math_score
```

실행 결과 3.3.12

학생	Class	수학점수	전교등수	반등수
A	1반	100	1	1
B	1반	90	2	2
C	1반	90	2	2
D	2반	80	3	1
E	2반	65	4	2

쿼리문(3.3.12)을 바탕으로 전교 등수는 전체 학생을 대상으로 등수를 매기는 것이기 때문에 PARTIT-ION BY가 생략되었으며 반 등수는 학급별로 등수를 매기는 것이기 때문에 PARTITION BY를 추가해 기준이 되는 반을 정해 결괏값을 출력했습니다.

06. CASE문

데이터 3.4.1

CASE문은 조건문이라고도 불리며 함수는 아니지만, 함수의 역할을 대신해 쿼리문에 작성한 조건을 만족했을 시 원하는 특정 값으로 분류할 수 있습니다. CASE문의 사용 방법을 살펴보겠습니다.

사용 방법

```
구문 : CASE WHEN 조건 1 THEN 출력값 1
            WHEN 조건 2 THEN 출력값 2
            . . . .
            ELSE 출력값 3 END


해석 : CASE WHEN 조건 1을 만족한다면 THEN 출력값 1이라고 분류해줘
            WHEN 조건 2를 만족한다면 THEN 출력값 2라고 분류해줘
            . . . .
            ELSE 위의 조건을 모두 만족하지 않는다면 출력값 3이라고 분류해줘
```

CASE문의 사용 방법에 대하여 추가로 설명하자면 CASE문은 먼저 CASE WHEN에 첫 번째 조건을 작성한 후 이를 만족했을 시 THEN에 작성한 출력값으로 분류하며 만족하지 않을 시 다음 조건은 WHEN에 작성하고 만족한다면 THEN에 작성한 출력값으로 분류합니다.

CASE문의 기능은 엑셀의 IF 함수와 유사하며 조건에 따라 출력값은 순차적으로 분류되어 적용됩니다. CASE문의 마지막 ELSE문은 생략될 수 있지만 앞에 작성한 조건들을 모두 만족하지 않을 시 NULL값으로 분류됩니다.

▪ **CASE문 적용 로직**

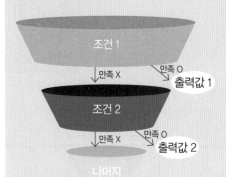

CASE문은 데이터가 차례대로 깔때기에 걸러지는 것으로 이해할 수 있습니다. 첫 번째 조건을 작성한 후 이를 만족하게 되면 출력값 1로 출력되고 첫 번째 조건을 만족하지 않으면 두 번째 조건으로 넘어가게 됩니다. 그리고 다음 조건에서 만족하게 될 시 출력값 2로 출력되고 첫 번째와 두 번째 조건을 둘 다 만족하지 않을 시 나머지로 출력되는 로직입니다.

CASE문의 사용 방법을 확인했다면 실제 어떻게 사용되고 있는지 살펴보겠습니다.

SALES 테이블에서 sales_amount 칼럼의 값을 CASE문을 이용해 값이 0보다 작다면 '환불거래', 0보다 크다면 '정상거래'로 분류하려면 다음과 같이 쿼리문을 작성할 수 있습니다.

쿼리 3.3.13

```
SELECT  sales_amount
      , CASE WHEN sales_amount < 0 THEN '환불거래'
             WHEN sales_amount > 0 THEN '정상거래' END AS 적용결과
FROM    sales
```

SALES_AMOUNT	적용결과
80000	정상거래
-80000	환불거래
40000	정상거래
35000	정상거래
40000	정상거래

쿼리문(3.3.13)을 바탕으로 첫 번째 조건인 sales_amount 칼럼의 값이 0보다 작은 값이 있는지 확인합니다. SALES 테이블의 두 번째 행의 값이 −80000으로 첫 번째 조건을 만족하기에 '환불거래'로 출력되며 이외의 나머지 데이터는 두 번째 조건인 'sales_amount 칼럼의 값이 0보다 크다'라는 조건에 만족하므로 '정상거래'로 출력되는 것을 확인할 수 있습니다.

🖥️ 핵심체크

```
CASE  WHEN sales_amount < 0 THEN '환불거래'
      ❶ sales_amount 칼럼의 값이 0보다 작으면    ❷ '환불거래'로 출력해줘

      WHEN sales_amount > 0 THEN '정상거래' END
      ❸ ❶의 조건을 만족하지 않고,              ❹ '정상거래'로 출력해줘
      sales_amount 칼럼의 값이 0보다 크면
```

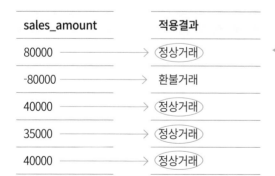

sales_amount	적용결과
80000	→ 정상거래
-80000	→ 환불거래
40000	→ 정상거래
35000	→ 정상거래
40000	→ 정상거래

❶의 조건인 sales_amount 칼럼의 값이 0보다 작다는 조건을 만족하지 않았고,
❸의 조건인 sales_amount 칼럼의 값이 0보다 크다는 조건을 만족했기 때문

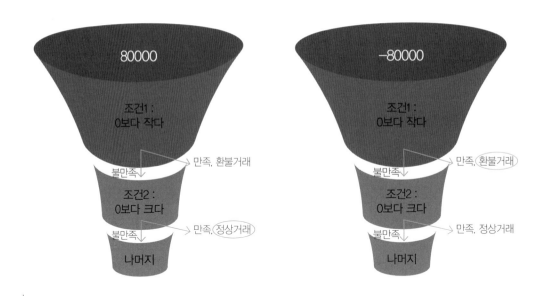

Section

04 실습

앞에서 학습한 내용을 바탕으로 직접 데이터를 분석해 보는 실습을 진행합니다.

01. 고객 정보 데이터

기업의 고객 정보 데이터를 살펴보며 다음 질문에 따라 데이터를 직접 분석해 보는 실습을 진행하겠습니다.

데이터

▶ CUSTOMER : 고객에 대한 정보

▶ 칼럼은 차례대로 고객 ID(고객에게 부여한 ID), 성, 이름, 핸드폰 번호, 이메일 주소, 생년월일의 정보를 갖는 테이블입니다.

customer_id	last_name	first_name	phone_number	email	date_of_birth
c001	유	민수	010-1234-5678	NULL	2000-10-01
c002	김	지은	010-3333-3333	abc@ab.com	1998-10-20
c003	최	진희	010-9876-0001	ddd@cc.com	1997-03-03
c004	김	민국	NULL	aaa@ab.com	1993-07-20
c005	민	경섭	NULL	NULL	1980-04-30

Q1

실행 결과의 FULLNAME 칼럼처럼 고객의 전체 이름을 출력하고 싶습니다.

실행 결과

FULLNAME
유민수
김지은
최진희
김민국
민경섭

힌트 : CONCAT 함수

쿼리

```
SELECT   CONCAT(last_name,first_name) AS fullname
FROM     customer
```

실행 결과의 FULLNAME 칼럼과 같이 고객의 전체 이름을 출력하고 싶다면 CUSTOMER 테이블에서(FROM절) last_name과 first_name의 칼럼 데이터를 CONCAT 함수의 사용 방법에 맞춰 작성한 후 출력합니다(SELECT절). CONCAT 함수는 괄호에 작성된 인수의 문자값을 하나로 이어 출력하는 함수입니다. 따라서 실행 결과를 보면 last_name 칼럼 값 옆에 first_name 칼럼 값이 이어져 출력된 것을 확인할 수 있습니다.

Q2

실행 결과의 CONTACT_INFO 칼럼처럼 고객의 연락처를 출력하고 싶습니다. 핸드폰 번호가 있다면 핸드폰 번호를 출력하고 그렇지 않으면 이메일 정보를 출력해 구성합니다.

실행 결과

CONTACT_INFO
010-1234-5678
010-3333-3333
010-9876-0001
aaa@ab.com
NULL

힌트 : ISNULL 함수

쿼리

```
SELECT   ISNULL(phone_number,email) AS contact_info
FROM     customer
```

실행 결과의 CONTACT_INFO 칼럼과 같이 고객의 연락처를 출력하고 싶다면 CUSTOMER 테이블에서(FROM절) phone_number와 email의 칼럼 값을 ISNULL 함수의 사용 방법에 맞춰 작성한 후 출력합니다(SELECT절). ISNULL 함수는 첫 번째 인수가 NULL값인 경우 두 번째 인수를 보여주고 그렇지 않으면 첫 번째 인수를 그대로 출력해 주는 함수입니다. 따라서 첫 번째부터 세 번째 행은 phone_number 칼럼의 값이 있기 때문에 핸드폰 번호가 출력되었고 네 번째 행은 핸드폰 번호가 없어서 email 주소만 출력되었으며 마지막 행의 경우 두 칼럼의 값이 모두 NULL값이기 때문에 NULL값만 출력된 것을 확인할 수 있습니다.

Q3

실행 결과의 AGE 칼럼처럼 고객의 나이를 출력하고 싶습니다. 현재 시점(2023년)을 기준으로 나이를 계산합니다(월·일은 고려되지 않으며 만 나이로 구하고자 합니다).

실행 결과

AGE
23
25
26
30
43

힌트 : YEAR 함수

쿼리

```
SELECT  2023-YEAR(date_of_birth) AS age
FROM    customer
```

실행 결과의 AGE 칼럼처럼 고객의 나이를 출력하고 싶다면 CUSTOMER 테이블에서(FROM절) date_of_birth의 칼럼 값 중 연도만 YEAR 함수의 사용 방법에 맞춰 작성한 후 2023을 빼고 출력합니다(SELECT절). YEAR 함수는 날짜 데이터에서 연도의 부분값만 출력하는 함수이기에 각각의 행은 '2023-2000=23, 2023-1998=25, 2023-1997=26…'과 같은 연산이 진행되어 출력된 것을 확인할 수 있습니다.

Q4

실행 결과의 AGEBAND 칼럼처럼 고객의 연령대 정보를 알고 싶습니다. 연령대는 10살 단위로 20대, 30대, 40대로 출력하고 싶습니다.

실행 결과

AGEBAND
20대
20대
20대
30대
40대

힌트 : YEAR 함수, CASE문

쿼리

```
SELECT  CASE WHEN 2023-YEAR(date_of_birth) BETWEEN 20 AND 29 THEN '20대'
             WHEN 2023-YEAR(date_of_birth) BETWEEN 30 AND 39 THEN '30대'
             WHEN 2023-YEAR(date_of_birth) BETWEEN 40 AND 49 THEN '40대'
        END AS ageband
FROM    customer
```

실행 결과의 AGEBAND 칼럼처럼 고객의 연령대를 출력하고 싶다면 CUSTOMER 테이블에서 (FROM절) date_of_birth의 칼럼 값을 YEAR 함수와 CASE문의 사용 방법에 맞춰 작성한 후 출력합니다(SELECT절). 쿼리문에 보이는 'BETWEEN A AND B' 연산자는 'A와 B 사이에 있다'라는 뜻으로 'BETWEEN 20 AND 29 THEN '20대''는 20과 29 사이의 값은 20대로 출력해 달라는 의미입니다. BETWEEN 연산자는 바로 이어지는 [Chapter 04]에서 더 자세히 다루고 있으니 여기서는 가볍게 예습만 하겠습니다.

＊ 본문의 실습 데이터 연령은 20~40대로만 구성되어 CASE문에서도 세 가지 유형으로만 연령대 분류를 진행했습니다. 실제 연령대는 더 다양하게 분류될 수 있습니다.

Q5

Q1~Q4의 결과를 바탕으로 다음과 같은 실행결과를 출력합니다.

실행 결과

CUSTOMER_ID	FULLNAME	CONTACT_INFO	AGE	AGEBAND
c001	유민수	010-1234-5678	23	20대
c002	김지은	010-3333-3333	25	20대
c003	최진희	010-9876-0001	26	20대
c004	김민국	aaa@ab.com	30	30대
c005	민경섭	NULL	43	40대

쿼리

```
SELECT   customer_id
       , CONCAT(last_name,first_name) AS fullname
       , ISNULL(phone_number,email) AS contact_info
       , 2023-YEAR(date_of_birth) AS age
       , CASE WHEN 2023-YEAR(date_of_birth) BETWEEN 20 AND 29 THEN '20대'
              WHEN 2023-YEAR(date_of_birth) BETWEEN 30 AND 39 THEN '30대'
              WHEN 2023-YEAR(date_of_birth) BETWEEN 40 AND 49 THEN '40대'
         END AS ageband
FROM     customer
```

　실행 결과처럼 Q1부터 Q4의 실행 결과를 하나의 테이블에 모두 모아 출력하려면 먼저 SELECT절에 customer_id 칼럼을 작성한 후 앞에서 작성한 CONCAT 함수부터 쿼리문을 차례대로 작성합니다. 이 때 각 칼럼은 반드시 쉼표로 구분하여 작성해 줍니다.

04

원하는 행만
필터링
WHERE절

WHERE절은 SQL 쿼리의 기본 구성요소 중 하나로 특정 조건을 기준으로 데이터를 필터링해 원하는 행을 출력합니다. 작성 순서는 SELECT문의 FROM 절 바로 뒤에 위치하며 필요에 따라 선택적으로 사용됩니다. 이번 챕터에서는 WHERE절의 사용 방법을 학습하고 함께 사용할 수 있는 연산자(부등호, BETWEEN, IN, LIKE, IS NULL, AND, OR, NOT IN)에 대해 알아봅니다.

Section

01

WHERE절 :
조건과 일치하는 데이터 조회

특정 조건을 기준으로 데이터를 필터링해 원하는 행을 출력하는 WHERE절에 대해 알아봅니다.

01. WHERE절이란?

　WHERE절은 FROM절에 작성한 테이블에서 원하는 데이터만 필터링 할 수 있도록 조건을 줄때 사용합니다. WHERE절에 조건식을 작성하면 그와 일치하는 데이터 값이 출력되는 원리이며 WHERE 조건절이라고도 불립니다.``

▶ A 테이블

칼럼1	칼럼2	칼럼3	칼럼4	칼럼5

→

칼럼1	칼럼2	칼럼3	칼럼4	칼럼5	
					X 조건 불만족
					O 조건 만족 출력
					X 조건 불만족
					O 조건 만족 출력
					X 조건 불만족
					X 조건 불만족

　WHERE절의 개념과 원리를 살펴보았다면 사용 방법에 대해 알아보겠습니다.

` 필터링은 행(row)을 기준으로 조건에 맞지 않는 데이터를 정리하는 것을 의미합니다.
`` MS-SQL의 WHERE절은 엑셀의 필터와 기능이 동일합니다.

SELECT	*	↪ 조회할 칼럼명
FROM	A	↪ 조회할 테이블명
WHERE	조건식	↪ 필터링할 조건

SELECT절부터 순서대로 작성한 쿼리문을 SQL의 처리 순서로 해석하면 ❶ A 테이블에서(FROM절) ❷ 조건을 만족하는 행들만 필터링하여(WHERE절) ❸ 전체 칼럼을 조회해줘(SELECT절)입니다. 이처럼 SQL의 처리 순서에 맞춰 해석하는 연습을 지속하면 더 빠르게 구문을 이해하고 사용할 수 있습니다.

앞에서 학습한 SELECT절을 활용해 A 테이블에서 특정 조건을 만족하는 행 중에 칼럼1, 칼럼3, 칼럼5만을 조회하고 싶다면 다음과 같이 쿼리문을 작성합니다.

쿼리

SELECT	칼럼1, 칼럼3, 칼럼5
FROM	A
WHERE	조건식

❶

▶ FROM절 : 테이블 조회

칼럼1	칼럼2	칼럼3	칼럼4	칼럼5

❷

▶ WHERE절 : 특정 조건을 만족하는 데이터(행)만 조회

칼럼1	칼럼2	칼럼3	칼럼4	칼럼5
				○
				○

❸

▶ SELECT절 : 특정 칼럼만 조회

칼럼1	칼럼2	칼럼3	칼럼4	칼럼5

작성한 쿼리문을 SQL의 처리 순서로 해석하면 ❶ A 테이블에서(FROM절) ❷ 조건을 만족하는 행들만 필터링하여(WHERE절) ❸ 칼럼1, 칼럼3, 칼럼5만 조회해줘(SELECT절)입니다.

WHERE절의 사용 방법을 확인했다면 실제 어떻게 사용되고 있는지 살펴보겠습니다.

CUSTOMER 테이블에서 남자 고객만 필터링한 후 고객 ID, 이름, 성별 정보를 출력하고 싶다면 다음과 같이 쿼리문을 작성할 수 있습니다.

데이터 4.2.1

▶ CUSTOMER : 고객에 대한 정보

▶ 칼럼은 차례대로 고객 ID(고객에 고유하게 부여한 ID), 고객 성명, 고객 성별의 정보를 갖는 테이블입니다.

customer_id	name	gender
18466	정하성	M
18798	정호정	F
18434	황성연	F
18772	홍경빈	F
18326	조우준	M
18743	홍이수	M
18785	차서하	M

쿼리 4.2.1

```
SELECT  customer_id, name, gender
FROM    customer
WHERE   gender = 'M'
```

실행 결과 4.2.1

CUSTOMER_ID	NAME	GENDER
18466	정하성	M
18326	조우준	M
18743	홍이수	M
18785	차서하	M

쿼리문(4.2.1)을 바탕으로 먼저 남자 고객 행만 필터링하기 위해 gender='M'이라는 조건을 WHERE 절에 작성한 후 SELECT절에 출력을 원하는 칼럼인 'customer_id', 'name', 'gender'를 작성한 실행 결과를 확인할 수 있습니다.

CUSTOMER_ID	NAME	GENDER
18466	정하성	M
18798	정호정	F
18434	황성연	F
18772	홍경빈	F
18326	조우준	M
18743	홍이수	M
18785	차서하	M

CUSTOMER_ID	NAME	GENDER
18466	정하성	M
18326	조우준	M
18743	홍이수	M
18785	차서하	M

WHERE절에 조건식을 작성할 때 활용할 수 있는 연산자는 총 네 가지로 비교연산자, SQL 연산자, 논리연산자, 부정연산자가 있습니다. 만약 WHERE절에 두 개 이상의 연산자를 작성해야 한다면 ❶ 괄호 → ❷ 부정연산자 → ❸ 비교연산자 → ❹ 논리연산자(AND) → ❺ 논리연산자(OR)의 순서로 데이터가 처리된다는 것을 생각해야하며 연산자의 처리 순서를 고려하지 않고 쿼리문을 작성할 시 발생되는 연산자 우선순위 문제는 뒤에서 좀 더 자세히 다루도록 하겠습니다.

02 비교연산자

칼럼의 특정 값 또는 다른 칼럼과 비교할 때 사용되는 비교연산자에 대해서 알아봅니다.

01. 부등호(=, >=, <>)

데이터 3.4.1

비교연산자의 부등호는 특정 값이 큰지 작은지 아니면 같은지에 대한 대소 및 동등 비교를 위해 사용되는 연산자입니다.

연산자	설명	예시	해석
=	같다.	WHERE price = 1000	price 칼럼의 값이 1000과 같은 행만 필터링
<>, !=	같지 않다.	WHERE price <> 1000	price 칼럼의 값이 1000과 같지 않은 행만 필터링
>	보다 크다.	WHERE price > 1000	price 칼럼의 값이 1000보다 큰 행만 필터링
>=	보다 크거나 같다.	WHERE price >= 1000	price 칼럼의 값이 1000보다 크거나 같은 행만 필터링
<	보다 작다.	WHERE price < 1000	price 칼럼의 값이 1000보다 작은 행만 필터링
<=	보다 작거나 같다.	WHERE price <= 1000	price 칼럼의 값이 1000보다 작거나 같은 행만 필터링

= : 같은 행만 필터링해줘

'='는 특정 값과 칼럼의 값이 같은 행만 필터링함을 의미하는 연산자로 크기를 비교할 수 있는 수치형 데이터(무게, 가격, 금액 등)와 대소를 비교할 수 없는 문자형 데이터(상품명, 고객 ID, 카테고리명 등)에 사용됩니다.

```
WHERE    price = 1000    ② 1000과 같은 행만 필터링해줌
         ① 이 칼럼의 값이
```

비교연산자 '='에 대한 사용 방법을 확인했다면 실제 어떻게 사용되고 있는지 살펴보겠습니다.

SALES 테이블의 전체 칼럼에서 sales_amount 칼럼의 값이 40000인 조건을 만족하는 행만 출력하고 싶다면 다음과 같이 쿼리문을 작성할 수 있습니다.

쿼리 4.2.2

```
SELECT *
FROM   sales
WHERE  sales_amount = 40000
```

실행 결과 4.2.2

ORDER_DATE	REFUND_DATE	PRODUCT_NAME	SALES_AMOUNT	SALES_AMOUNT_USD
2023-02-10	NULL	책	40000	30.19
2023-03-31	NULL	신발	40000	30.19

쿼리문(4.2.2)을 바탕으로 SALES 테이블의 sales_amount 칼럼의 값이 40000인 조건을 만족하는 행이 필터링 되어 출력됐음을 확인할 수 있습니다.

핵심체크 ······

ORDER_DATE	REFUND_DATE	PRODUCT_NAME	SALES_AMOUNT	SALES_AMOUNT_USD
2023-01-01	NULL	신발	80000	60.38
NULL	2023-01-02	신발	-80000	-60.38
2023-02-10	NULL	책	40000	30.19
2023-02-10	NULL	카디건	35000	26.42
2023-03-31	NULL	신발	40000	30.19

이어서 문자형 데이터를 출력하는 조건식을 살펴보겠습니다. SALES 테이블에서 product_name 칼럼의 값이 '신발'인 조건을 만족하는 행의 전체 칼럼을 출력하고 싶다면 다음과 같이 쿼리문을 작성할 수 있습니다.

쿼리 4.2.3

```
SELECT  *
FROM    sales
WHERE   product_name = '신발'
```

실행 결과 4.2.3

ORDER_DATE	REFUND_DATE	PRODUCT_NAME	SALES_AMOUNT	SALES_AMOUNT_USD
2023-01-01	NULL	신발	80000	60.38
NULL	2023-01-02	신발	-80000	-60.38
2023-03-31	NULL	신발	40000	30.19

쿼리문(4.2.3)을 바탕으로 product_name 칼럼의 값이 '신발'인 조건을 만족하는 행이 필터링 되어 출력됐음을 확인할 수 있습니다.

🔍 핵심체크

ORDER_DATE	REFUND_DATE	PRODUCT_NAME	SALES_AMOUNT	SALES_AMOUNT_USD
2023-01-01	NULL	신발	80000	60.38
NULL	2023-01-02	신발	-80000	-60.38
2023-02-10	NULL	책	40000	30.19
2023-02-10	NULL	카디건	35000	26.42
2023-03-31	NULL	신발	40000	30.19

문자형 데이터의 쿼리문 작성 시 주의해야 할 점은 출력하고자 하는 값이 문자인 경우에는 반드시 작은따옴표를 추가해 줘야 하는 겁니다. 작은따옴표를 생략할 시 결과에 오류가 발생할 수 있으니 주의합니다.

>= : 보다 크거나 같은 행만 필터링해줘

'>='는 칼럼의 값이 특정 값보다 보다 크거나 같은 행만 필터링함을 의미하는 연산자로 크기를 비교할 수 있는 수치형 데이터(무게, 가격, 금액 등)와 대소를 비교할 수 있는 날짜 데이터에 주로 사용됩니다.

사용 방법

```
WHERE    price >= 1000   ❷ 1000 보다 같거나 큰 행을 필터링해줘
         ❶ 이 칼럼에 대한 값이
```

비교연산자 '>='에 대한 사용 방법을 확인했다면 실제 어떻게 사용되고 있는지 살펴보겠습니다.

SALES 테이블에서 order_date 칼럼의 값이 '2023-02-10'과 같거나 이보다 앞선 날짜의 조건을 만족하는 행을 출력하고 싶다면 다음과 같이 쿼리문을 작성할 수 있습니다.

쿼리 4.2.4

```
SELECT   *
FROM     sales
WHERE    order_date >= '2023-02-10'
```

실행 결과 4.2.4

ORDER_DATE	REFUND_DATE	PRODUCT_NAME	SALES_AMOUNT	SALES_AMOUNT_USD
2023-02-10	NULL	책	40000	30.19
2023-02-10	NULL	카디건	35000	26.42
2023-03-31	NULL	신발	40000	30.19

쿼리문(4.2.4)을 바탕으로 order_date 칼럼의 값이 '2023-02-10'과 같거나 이보다 앞선 날짜의 조건을 만족하는 행이 필터링 되어 출력됐음을 확인할 수 있습니다.

ORDER_DATE	REFUND_DATE	PRODUCT_NAME	SALES_AMOUNT	SALES_AMOUNT_USD
2023-01-01	NULL	신발	80000	60.38
NULL	2023-01-02	신발	-80000	-60.38
2023-02-10	NULL	책	40000	30.19
2023-02-10	NULL	카디건	35000	26.42
2023-03-31	NULL	신발	40000	30.19

02. BETWEEN

데이터 3.4.1

BETWEEN은 특정 값들 사이에서 조건을 만족하는 행만 필터링할 때 사용하는 연산자입니다. 영어 뜻 그대로 A와 B 값 사이의 행을 필터링합니다.

BETWEEN a AND b : a와 b 사이에 있는 행만 필터링해줘

BETWEEN a AND b는 특정 칼럼의 값이 a와 b 사이의 행만 필터링함을 의미하는 연산자로 '사이에 있다'는 말은 경계 값인 a와 b도 포함되기에 해당 연산자를 해석할 때는 'a 이상 b 이하인 값의 행을 필터링해줘'라고도 해석할 수 있습니다.

또한, 연속형 데이터와 같이 값의 크고 작음을 판단할 수 있는 수치형 데이터에 주로 사용되고 있으며 대소 비교가 어려운 문자형 데이터(상품명, 카테고리명 등)에는 사용할 수 없습니다.

사용 방법

```
WHERE    price BETWEEN 1000 AND 5000
         ❶ 이 칼럼의        ❷ 1000과 5000 사이의 값을 필터링해줘
```

비교연산자의 BETWEEN에 대한 사용 방법을 확인했다면 실제 어떻게 사용되고 있는지 살펴보겠습니다.

SALES 테이블의 전체 칼럼에서 sales_amount 칼럼의 값이 30000과 40000 사이의 조건을 만족하는 행만 출력하고 싶다면 다음과 같이 쿼리문을 작성할 수 있습니다.

쿼리 4.2.5

```
SELECT  *
FROM    sales
WHERE   sales_amount BETWEEN 30000 AND 40000
```

실행 결과 4.2.5

ORDER_DATE	REFUND_DATE	PRODUCT_NAME	SALES_AMOUNT	SALES_AMOUNT_USD
2023-02-10	NULL	책	40000	30.19
2023-02-10	NULL	카디건	35000	26.42
2023-03-31	NULL	신발	40000	30.19

쿼리문(4.2.5)을 바탕으로 sales_amount 칼럼의 값이 30000 이상 40000 이하의 조건을 만족하는 행이 필터링 되어 출력됐음을 확인할 수 있습니다.

📋 **핵심체크**

ORDER_DATE	REFUND_DATE	PRODUCT_NAME	SALES_AMOUNT	SALES_AMOUNT_USD
2023-01-01	NULL	신발	80000	60.38
NULL	2023-01-02	신발	-80000	-60.38
2023-02-10	NULL	책	40000	30.19
2023-02-10	NULL	카디건	35000	26.42
2023-03-31	NULL	신발	40000	30.19

* 쿼리문(4.2.5)을 살펴보면 30000과 40000의 특정 값이 모두 숫자이기 때문에 작은따옴표를 사용하지 않았습니다.

03. IN

IN은 칼럼의 값에 조건과 하나라도 일치하는 행을 필터링할 때 사용하는 연산자 입니다.

데이터 3.4.1

IN : **특정 값들 중 일치하는 행만 필터링해줘**

IN은 칼럼의 값이 특정 값들 중 하나라도 일치하는 행을 필터링할 때 사용하는 연산자로 문자형 데이터(상품명, 카테고리명 등)와 비연속형 데이터에 주로 사용됩니다(만약 연속적인 수치형 데이터라도 비연속적인 특정 값을 필터링하는 게 목적이라면 사용할 수 있습니다).

사용 방법

> WHERE   name IN('이선영', '김민지')
> ❶ 이 칼럼의   ❷ '이선영' 또는 '김민지'와 정확히 일치하는 데이터를 필터링해줘

비교연산자 IN에 대한 사용 방법을 확인했다면 실제 어떻게 사용되고 있는지 살펴보겠습니다.

SALES 테이블의 전체 칼럼에서 product_name 칼럼의 값이 '신발' 또는 '카디건'이라는 조건을 만족하는 행만 출력하고 싶다면 다음과 같이 쿼리문을 작성할 수 있습니다.

쿼리 4.2.6

```
SELECT   *
FROM     sales
WHERE    product_name IN ('신발','카디건')
```

ORDER_DATE	REFUND_DATE	PERODUCT_NAME	SALES_AMOUNT	SALES_AMOUNT_USD
2023-01-01	NULL	신발	80000	60.38
NULL	2023-01-02	신발	-80000	-60.38
2023-02-10	NULL	카디건	35000	26.42
2023-03-31	NULL	신발	40000	30.19

쿼리문(4.2.6)을 바탕으로 product_name 칼럼의 값이 '신발' 또는 '카디건'이라는 조건을 만족하는 행이 필터링되어 출력됐음을 확인할 수 있습니다.

🖋 **핵심체크**

ORDER_DATE	REFUND_DATE	PRODUCT_NAME	SALES_AMOUNT	SALES_AMOUNT_USD
2023-01-01	NULL	신발	80000	60.38
NULL	2023-01-02	신발	-80000	-60.38
2023-02-10	NULL	책	40000	30.19
2023-02-10	NULL	카디건	35000	26.42
2023-03-31	NULL	신발	40000	30.19

04. LIKE

LIKE는 특정 칼럼의 값에 일부분이라도 조건과 일치하는 행을 필터링할 때 사용하는 연산자입니다. 쉽게 말해 키워드를 검색하는 연산자라고 생각하면 됩니다.

LIKE : 해당 키워드가 데이터에 포함된 행만 필터링해줘

LIKE는 칼럼의 값에 일부분이라도 조건과 일치하는 행만 필터링함을 의미하는 연산자로 '%' 혹은 '_'의 와일드카드 기호와 함께 사용됩니다. 이들은 LIKE 연산자와 함께 사용할 경우 기호가 아니라 '%'는 여러 문자를 대변하며, '_'는 한 개의 문자를 대변합니다.

```
WHERE    name LIKE('김%')
```
❶ 이 칼럼의   ❷ '김'으로 시작하는 데이터를 모두 필터링해줌

비교연산자 LIKE에 대한 사용 방법을 확인했다면 실제 어떻게 사용되고 있는지 살펴보겠습니다.

물류센터에 대한 데이터가 있는 DISTRIBUTION_CENTER 테이블의 전체 칼럼에서 서울 지역의 행만 출력하고 싶다면 다음과 같이 쿼리문을 작성할 수 있습니다.

데이터 4.3.1

▶ DISTRIBUTION_CENTER : 물류센터에 대한 정보

▶ 칼럼은 차례대로 센터 ID, 영업 상태, 인허가 일자, 시설 장비 현황, 소재지, 도로명 주소의 정보를 갖는 테이블입니다.

center_no	status	permission_date	facility_equipment	address
1	영업중	2022-07-04	화물자동차	경기도 이천시 마장면 덕평로 123
2	영업중	2021-06-10	지게차, 화물자동차	경기도 용인시 기흥구 언동로 987-2
3	영업중	2022-05-26	항온항습기, 지게차	서울시 중구 통일로 555
4	영업종료	2022-07-07	NULL	경기도 여주시 대신면 대신로 6-1
5	영업종료	2021-02-02	NULL	경기도 용인시 수지구 손곡로 29

쿼리 4.2.7

```
SELECT *
FROM    distribution_center
WHERE   address LIKE '서울시%'
```

실행 결과 4.2.7

CENTER_NO	STATUS	PERMISSION_DATE	FACILITY_EQUIPMENT	ADDRESS
3	영업중	2022-05-26	항온항습기, 지게차	서울시 중구 통일로 555

쿼리문(4.2.7)을 바탕으로 address 칼럼의 값이 '서울시~'로 시작하는 조건을 만족하는 행이 필터링되어 출력됐음을 확인할 수 있습니다.

CENTER_NO	STATUS	PERMISSION_DATE	FACILITY_EQUIPMENT	ADDRESS
1	영업중	2022-07-04	화물자동차	경기도 이천시 마장면 덕평로 123
2	영업중	2021-06-10	지게차, 화물자동차	경기도 용인시 기흥구 언동로 987-2
3	영업중	2022-05-26	항온항습기, 지게차	서울시 중구 통일로 555
4	영업종료	2022-07-07	NULL	경기도 여주시 대신면 대신로 6-1
5	영업종료	2021-02-02	NULL	경기도 용인시 수지구 손곡로 29

꿀팁

LIKE 연산자는 정확하게 작성해 주세요

실행 결과(4.2.7)처럼 서울 지역을 필터링할 때 서울시는 address 칼럼에서 가장 앞부분에 시작되는 값이므로 여러 문자를 대변하는 와일드카드 '%'는 서울시 뒤에만 붙여 작성했습니다. '%'를 조건명의 앞과 뒤로 붙여 '%서울시%' 혹은 '%서울%'로 작성해도 틀린 건 아니지만 지역과 상관없이 매장이나 건물명에 있는 '서울'이란 키워드가 필터링 조건을 만족해 출력될 수 있습니다. 대표적으로 서울아파트, 서울분식 등이 있으며 원치 않은 데이터 출력을 피하려면 연산자는 정확히 작성해줄수록 좋습니다.

이어서 DISTRIBUTION_CENTER 테이블의 전체 칼럼에서 '이천시' 지역의 행만 출력하고 싶다면 다음과 같이 쿼리문을 작성할 수 있습니다.

```
SELECT  *
FROM    distribution_center
WHERE   address LIKE '%이천시%'
```

실행 결과 4.2.8

CENTER_NO	STATUS	PERMISSION_DATE	FACILITY_EQUIPMENT	ADDRESS
1	영업중	2022-07-04	화물자동차	경기도 **이천시** 마장면 덕평로 123

쿼리문(4.2.8)을 바탕으로 address 칼럼의 값이 '~이천시~'로 시작하는 조건을 만족하는 행이 필터링되어 출력됐음을 확인할 수 있습니다. '이천시'는 address 칼럼에서 경기도 '이천시'처럼 '이천시'로 시작되지 않을 확률이 높아 '%'를 조건명 앞에도 붙여 쿼리문을 작성했습니다.

📋 핵심체크

CENTER_NO	STATUS	PERMISSION_DATE	FACILITY_EQUIPMENT	ADDRESS
1	영업중	2022-07-04	화물자동차	경기도 **이천시** 마장면 덕평로 123
2	영업중	2021-06-10	지게차, 화물자동차	경기도 용인시 기흥구 언동로 987-2
3	영업중	2022-05-26	항온항습기, 지게차	서울시 중구 통일로 555
4	영업종료	2022-07-07	NULL	경기도 여주시 대신면 대신로 6-1
5	영업종료	2021-02-02	NULL	경기도 용인시 수지구 손곡로 29

05. IS NULL

데이터 4.3.1

IS NULL은 특정 칼럼의 값이 NULL값인 행을 필터링할 때 사용하는 연산자입니다.

IS NULL : 데이터가 NULL값인 행만 필터링해줘

IS NULL은 특정 칼럼의 값이 NULL값인 행만 필터링할 때 사용하는 연산자입니다. 데이터가 빈값이라 추후 어떠한 값으로든 채워질 가능성이 있어 대소 비교의 부등호 기호를 사용할 수 없고 또 빈값을 의미하는 NULL과 문자인 'NULL'은 완전히 다른 의미이기에 연산자 작성 시 주의해야 합니다.

사용 방법

```
WHERE    name IS NULL
```
❶ 이 칼럼의 ❷ NULL값인 조건을 만족하는 데이터를 모두 필터링해줘

궁금해요

'NULL값과 같다'는 '칼럼명 = NULL'이라고 쓰면 안 되는 건가요?

안 됩니다. 본문에서 설명한 것과 같이 NULL값은 대소 비교를 할 수 없는 값으로 등호를 사용할 수 없습니다. 다음은 NULL값을 찾고자 할 때 WHERE절에 많이 작성하는 조건식입니다. 각각 어떤 차이가 있고 왜 오류가 발생하는지 확인해 보세요.

- 칼럼명 = 'NULL' ― 칼럼명이 문자 알파벳 NULL이라는 값을 갖는지 확인하는 조건식
- 칼럼명 = NULL ― 오류(따옴표가 없는 NULL은 시스템적인 NULL값을 의미하며, 이는 부등호(=) 기호로 값을 비교할 수 없기 때문입니다).
- 칼럼명 IS NULL ― 칼럼명이 비어 있는 NULL값인지 확인하는 조건식

비교연산자 IS NULL에 대한 사용 방법을 확인했다면 실제 어떻게 사용되고 있는지 살펴보겠습니다. DISTRIBUTION_CENTER 테이블의 전체 칼럼에서 facility_equipment 칼럼의 값이 빈(NULL값) 행만 출력하고 싶다면 다음과 같이 쿼리문을 작성할 수 있습니다.

```
SELECT  *
FROM    distribution_center
WHERE   facility_equipment IS NULL
```

실행 결과 4.2.9

CENTER_NO	STATUS	PERMISSION_DATE	FACILITY_EQUIPMENT	ADDRESS
4	영업종료	2022-07-07	NULL	경기도 여주시 대신면 대신로 6-1
5	영업종료	2021-02-02	NULL	경기도 용인시 수지구 손곡로 29

쿼리문(4.2.9)을 바탕으로 facility_equipment 칼럼의 값이 NULL값인 조건을 만족하는 행만 필터링되어 출력됐음을 확인할 수 있습니다.

🖍 **핵심체크**

CENTER_NO	STATUS	PERMISSION_DATE	FACILITY_EQUIPMENT	ADDRESS
1	영업중	2022-07-04	화물자동차	경기도 이천시 마장면 덕평로 123
2	영업중	2021-06-10	지게차, 화물자동차	경기도 용인시 기흥구 언동로 987-2
3	영업중	2022-05-26	항온항습기, 지게차	서울시 중구 통일로 555
4	영업종료	2022-07-07	NULL	경기도 여주시 대신면 대신로 6-1
5	영업종료	2021-02-02	NULL	경기도 용인시 수지구 손곡로 29

03 논리연산자

여러 조건을 논리적으로 결합하는 논리연산자에 대해 알아봅니다.

01. 논리연산자란?

논리연산자는 하나 이상의 조건들을 논리적으로 어떻게 결합할지에 대한 기준을 정해 사용하는 연산자입니다.

연산자	설명	예시	해석
AND	앞에 있는 조건과 뒤에 있는 조건을 둘 다 만족한다.	WHERE gender='여자' AND age>10	gender 칼럼의 값이 여자이고 age 칼럼의 값이 10보다 큰 조건을 모두 만족하는 행만 필터링
OR	앞에 있는 조건과 뒤에 있는 조건 중에 적어도 하나를 만족한다.	WHERE gender='여자' OR age>10	gender 칼럼의 값이 여자이거나 혹은 age 칼럼의 값이 10보다 큰 행만 필터링

02. AND

데이터 4.3.1

AND는 여러 가지 조건을 모두 만족하는 행을 필터링할 때 사용하는 연산자입니다.

AND : 앞·뒤의 조건을 모두 만족하는 행만 필터링해줘

AND는 앞·뒤의 조건을 모두 만족하는 행만 필터링함을 의미하는 연산자로 WHERE절에 AND 연산자를 사용해 조건을 묶어 작성합니다.

WHERE   조건식1   AND   조건식2
❶ 조건식1을 만족   ❷ 하면서   ❸ 조건식2도 만족하는 데이터만 필터링해줌

논리연산자 AND에 대한 사용 방법을 확인했다면 실제 어떻게 사용되고 있는지 살펴보겠습니다.

DISTRIBUTION_CENTER 테이블의 전체 칼럼에서 permission_date 칼럼의 값이 '2022-05-01' 보다는 크고 '2022-07-31'보다는 작은 조건을 모두 만족하는 행만 출력하고 싶다면 다음과 같이 쿼리문을 작성할 수 있습니다.

쿼리 4.2.10

```
SELECT    *
FROM      distribution_center
WHERE     permission_date > '2022-05-01' AND permission_date < '2022-07-31'
```

실행 결과 4.2.10

CENTER_NO	STATUS	PERMISSION_DATE	FACILITY_EQUIPMENT	ADDRESS
1	영업중	2022-07-04	화물자동차	경기도 이천시 마장면 덕평로 123
3	영업중	2022-05-26	항온항습기, 지게차	서울시 중구 통일로 555
4	영업종료	2022-07-07	NULL	경기도 여주시 대신면 대신로 6-1

쿼리문(4.2.10)을 바탕으로 permission_date 칼럼의 값이 '2022-05-01'보다는 크고 '2022-07-31'보다는 작은 조건을 만족하는 행이 필터링 되어 출력됐음을 확인할 수 있습니다.

CENTER_NO	STATUS	PERMISSION_DATE	FACILITY_EQUIPMENT	ADDRESS
1	영업중	2022-07-04	화물자동차	경기도 이천시 마장면 덕평로 123
2	영업중	2021-06-10	지게차, 화물자동차	경기도 용인시 기흥구 언동로 987-2
3	영업중	2022-05-26	항온항습기, 지게차	서울시 중구 통일로 555
4	영업종료	2022-07-07	NULL	경기도 여주시 대신면 대신로 6-1
5	영업종료	2021-02-02	NULL	경기도 용인시 수지구 손곡로 29

궁금해요

WHERE절을 다음과 같이 간단하게 작성하면 안 되나요?
'WHERE permission_date 〉 '2022-05-01' AND 〈 '2022-07-31''

오류입니다. AND 연산자를 사용할 때 앞과 뒤의 조건식은 AND를 기준으로 분리해 보아도 완벽한 식으로 작성되어 있어야 바르게 처리됩니다. 질문의 내용처럼 작성된다면 첫 번째 조건식은 permission_date 〉 '2022-05-01'이라는 조건식으로 완벽하지만, 두 번째 조건식은 〈 '2022-07-31'이라는 조건식으로 어떤 값이 '2022-07-31' 보다 작다는 것인지 명확하지 않아 불완전한 조건식으로 인식됩니다.

이어서 DISTRIBUTION_CENTER 테이블의 전체 칼럼에서 permission_date 칼럼의 값이 '2022-05-01'보다 크고 '2022-07-31' 보다는 작은 조건을 만족하며 동시에 status 칼럼의 값이 '영업중'인 행만 출력하고 싶다면 다음과 같이 쿼리문을 작성할 수 있습니다.

쿼리 4.2.11

```
SELECT    *
FROM      distribution_center
WHERE     permission_date > '2022-05-01'
  AND     permission_date < '2022-07-31'
  AND     status = '영업중'
```

CENTER_NO	STATUS	PERMISSION_DATE	FACILITY_EQUIPMENT	ADDRESS
1	영업중	2022-07-04	화물자동차	경기도 이천시 마장면 덕평로 123
3	영업중	2022-05-26	항온항습기, 지게차	서울시 중구 통일로 555

쿼리문(4.2.11)을 바탕으로 permission_date 칼럼의 값이 '2022–05–01'보다 크고 '2022–07–31'보다는 작은 조건을 만족하며 동시에 status 칼럼의 값이 '영업중'인 행이 필터링 되어 출력됐음을 확인할 수 있습니다.

🔍 핵심체크

CENTER_NO	STATUS	PERMISSION_DATE	FACILITY_EQUIPMENT	ADDRESS
1	영업중	2022-07-04	화물자동차	경기도 이천시 마장면 덕평로 123
2	영업중	2021-06-10	지게차, 화물자동차	경기도 용인시 기흥구 언동로 987-2
3	영업중	2022-05-26	항온항습기, 지게차	서울시 중구 통일로 555
4	영업종료	2022-07-07	NULL	경기도 여주시 대신면 대신로 6-1
5	영업종료	2021-02-02	NULL	경기도 용인시 수지구 손곡로 29

'BETWEEN 연산자'는 'AND 연산자'와 '연산 기호'를 통해 동일한 표현이 가능해요

비교연산자의 BETWEEN과 동일한 조건식을 논리연산자 및 연산 기호를 활용해 표현할 수도 있습니다.

조건) 1000보다 같거나 크고 5000보다 같거나 작은 행만 필터링해줘

⇨ WHERE price BETWEEN 1000 AND 5000

⇨ WHERE price >=1000 AND <=5000

03. OR

데이터 4.3.1

OR은 여러 조건 중에서 하나 이상의 조건을 만족하는 행을 필터링할 때 사용하는 연산자입니다.

OR : 앞 · 뒤의 조건 중 하나라도 만족하는 행만 필터링해줘

OR은 앞 · 뒤의 조건 중에서 하나 이상의 조건을 만족하는 행만 필터링함을 의미하는 연산자로 WHERE절에 OR 연산자를 사용해 조건을 묶어 작성합니다.

사용 방법

WHERE   조건식1   OR   조건식2
❶ 조건식1을 만족 ❷ 하거나 ❸ 조건식2를 만족하는 데이터만 필터링해줘

논리연산자 OR에 대한 사용 방법을 확인했다면 실제 어떻게 사용되고 있는지 살펴보겠습니다.

DISTRIBUTION_CENTER 테이블의 전체 칼럼에서 address 칼럼의 값이 서울 혹은 용인 지역의 행만 출력하고 싶다면 다음과 같이 쿼리문을 작성할 수 있습니다.

쿼리 4.2.12

```
SELECT    *
FROM      distribution_center
WHERE     address LIKE '경기도 용인시%'
   OR     address LIKE '서울시%'
```

실행 결과 4.2.12

CENTER_NO	STATUS	PERMISSION_DATE	FACILITY_EQUIPMENT	ADDRESS
2	영업중	2021-06-10	지게차, 화물자동차	경기도 용인시 기흥구 언동로 987-2
3	영업중	2022-05-26	항온항습기, 지게차	서울시 중구 통일로 555

CENTER_NO	STATUS	PERMISSION_DATE	FACILITY_EQUIPMENT	ADDRESS
5	영업종료	2021-02-02	NULL	경기도 용인시 수지구 손곡로 29

쿼리문(4.2.12)을 바탕으로 address 칼럼의 값이 '서울시~' 혹은 '경기도 용인시~'의 조건 중 하나라도 만족하는 행이 필터링 되어 출력됐음을 확인할 수 있습니다.

📋 핵심체크

CENTER_NO	STATUS	PERMISSION_DATE	FACILITY_EQUIPMENT	ADDRESS
1	영업중	2022-07-04	화물자동차	경기도 이천시 마장면 덕평로 123
2	영업중	2021-06-10	지게차, 화물자동차	경기도 용인시 기흥구 언동로 987-2
3	영업중	2022-05-26	항온항습기, 지게차	서울시 중구 통일로 555
4	영업종료	2022-07-07	NULL	경기도 여주시 대신면 대신로 6-1
5	영업종료	2021-02-02	NULL	경기도 용인시 수지구 손곡로 29

'IN 연산자'는 'OR 연산자'와 '등호'를 통해 동일한 표현이 가능해요

비교연산자의 IN과 동일한 조건식을 논리연산자 및 연산 기호를 활용해 표현할 수도 있습니다.

조건) 지정된 칼럼의 값이 값1 또는 값2 또는 값3과 일치하는 행만 필터링해줘

⇨ WHERE 칼럼 IN (값1, 값2, 값3)

⇨ WHERE 칼럼=값1 OR 칼럼=값2 OR 칼럼=값3

이어서 조건을 하나 더 추가하겠습니다. DISTRIBUTION_CENTER 테이블의 전체 칼럼에서 address 칼럼이 서울 혹은 용인 지역이면서 status 칼럼의 값이 '영업중'인 행만 출력하고 싶다면 다음과 같이 쿼리문을 작성할 수 있습니다.

- **잘못된 쿼리문**

```
SELECT  *
FROM    distribution_center
WHERE   address LIKE '경기도 용인시%'
   OR   address LIKE '서울시%'
   AND  status = '영업중'
```

실행 결과 4.2.13

▶ 잘못된 쿼리문 결과

CENTER_NO	STATUS	PERMISSION_DATE	FACILITY_EQUIPMENT	ADDRESS
2	영업중	2021-06-10	지게차, 화물자동차	경기도 용인시 기흥구 언동로 987-2
3	영업중	2022-05-26	항온항습기, 지게차	서울시 중구 통일로 555
5	영업종료	2021-02-02	NULL	경기도 용인시 수지구 손곡로 29

먼저, 잘못된 쿼리문을 보여주는 이유는 연산자의 우선순위를 무시하고 쿼리문을 작성할 경우 어떤 결과가 초래되는지 보여주기 위해 앞에 배치했습니다. WHERE절에 두 개 이상의 조건을 AND와 OR 등의 연산자로 묶을 때는 반드시 괄호로 우선순위를 정한 후 작성해야 합니다. 현재 작성된 쿼리문을 해석하면 'address 칼럼의 주소가 서울시로 시작하면서 영업중'이거나 'address 칼럼의 주소가 경기도 용인시로 시작되는 행만 필터링해줘'라는 뜻으로 용인시의 경우 영업 상태와 무관하게 출력됩니다. 따라서 용인시의 영업 중이지 않은 행도(영업종료) 출력됩니다.

center_no	status	permission_date	facility_equipment	address
1	영업중	2022-07-04	화물자동차	경기도 이천시 마장면 덕평로 123
2	영업중	2021-06-10	지게차, 화물자동차	경기도 용인시 기흥구 언동로 987-2
3	영업중	2022-05-26	항온항습기, 지게차	서울시 중구 통일로 555
4	영업종료	2022-07-07	NULL	경기도 여주시 대신면 대신로 6-1
5	영업종료	2021-02-02	NULL	경기도 용인시 수지구 손곡로 29

status 칼럼의 '영업중'은 만족하지만 adress 칼럼의 시작이 '서울시'로 시작하지 않기 때문에 출력되지 않습니다.

쿼리 4.2.14

▪ **올바른 쿼리문**

```
SELECT   *
FROM     distribution_center
WHERE    (address LIKE '경기도 용인시%'
   OR     address LIKE '서울시%')
   AND    status = '영업중')
```

실행 결과 4.2.14

▶ 올바른 쿼리문 결과

CENTER_NO	STATUS	PERMISSION_DATE	FACILITY_EQUIPMENT	ADDRESS
2	영업중	2021-06-10	지게차, 화물자동차	경기도 용인시 기흥구 언동로 987-2
3	영업중	2022-05-26	항온항습기, 지게차	서울시 중구 통일로 555

쿼리문(4.2.14)을 올바르게 작성된 쿼리문이라고 하는 이유는 WHERE절에 '조건1 OR 조건2'를 괄호로 묶어 연산자의 우선순위를 정해 줬기 때문입니다. 'AND 연산자'와 'OR 연산자' 중에 AND 연산자의 우선순위가 높아 해당 쿼리는 '조건2 AND 조건3'이 먼저 처리되고 이후에 '조건1'과 'OR 연산'이 처리됩니다. 현재 작성된 쿼리문을 해석하면 '주소가 경기도 용인시로 시작되거나 서울로 시작하면서 영업 중인 행만 필터링해줘'라는 뜻으로 우리가 원하던 결과를 출력할 수 있는 쿼리문임을 확인할 수 있습니다.

 핵심체크

CENTER_NO	STATUS	PERMISSION_DATE	FACILITY_EQUIPMENT	ADDRESS
1	영업중	2022-07-04	화물자동차	경기도 이천시 마장면 덕평로 123
2	영업중	2021-06-10	지게차, 화물자동차	경기도 용인시 기흥구 언동로 987-2
3	영업중	2022-05-26	항온항습기, 지게차	서울시 중구 통일로 555
4	영업종료	2022-07-07	NULL	경기도 여주시 대신면 대신로 6-1
5	영업종료	2021-02-02	NULL	경기도 용인시 수지구 손곡로 29

꿀팁

AND 연산자와 OR 연산자를 혼용한다면 사칙연산 규칙을 생각하세요

우리가 사칙연산을 할 때 ×(곱셈)과 +(덧셈)이 혼용되어 있다면 어떻게 적용되나요?

'1 + 2 × 3 = 7' +(덧셈)이 먼저 쓰였더라도 ×(곱셈)의 우선순위가 높기 때문에 ×(곱셈)이 먼저 실행됩니다. 그러면 만약에 +(덧셈)을 먼저 실행하고 이후 ×(곱셈)을 진행하고 싶다면 어떻게 하나요? (1 + 2) × 2 = 6 괄호를 씌워주면 됩니다. SQL에서 AND와 OR 연산자도 마찬가지입니다. AND 연산자를 사칙연산에서 ×(곱셈), OR 연산자를 사칙연산의 +(덧셈)처럼 생각해 보세요. 만약 함께 작성해야 한다면 괄호를 사용해 우선순위를 정하면 됩니다.

부정연산자

연산자에 부정적인 의미를 전달하는 부정연산자에 대해 알아봅니다.

01. 부정연산자란?

연산자 앞에 NOT을 붙여 부정연산자를 사용할 수 있으며 주어진 조건이나 값에 반대의 값을 반환합니다.

연산자	설명	예시	해석
NOT IN	칼럼의 특정 값들을 제외하고 전부 보여줘	WHERE name NOT IN ('이선영','김민지')	name 칼럼의 값 중 이선영, 김민지를 제외하고 전부 출력해줘
IS NOT NULL	칼럼의 NULL값을 제외하고 전부 보여줘	WHERE name IS NOT NULL	name 칼럼의 값 중 NULL값을 제외하고 전부 출력해줘

02. NOT IN

데이터 4.3.1

NOT IN은 IN 연산자의 부정으로 특정 칼럼의 값 중에 조건과 일치하지 않는 행을 필터링할 때 사용하는 연산자입니다.

NOT IN : **칼럼의 특정 값들을 제외하고 전부 보여줘**

NOT IN은 특정 칼럼의 값 중에서 조건과 일치하지 않는 행만 필터링할 때 사용하는 연산자로 주어진 칼럼에 포함되지 않는 값들을 반환한다고 볼 수 있습니다.

WHERE   name NOT IN('이선영','김민지')
 ❶ 이 칼럼의   ❷ '이선영', '김민지'를 제외하고 전부 출력해줌

부정연산자 NOT IN에 대한 사용 방법을 확인했다면 실제 어떻게 사용되고 있는지 살펴보겠습니다.
 DISTRIBUTION_CENTER 테이블의 전체 칼럼에서 center_no 칼럼의 값이 1 혹은 2가 아닌 행만
출력하고 싶다면 다음과 같이 쿼리문을 작성할 수 있습니다.

쿼리 4.2.15

```
SELECT   *
FROM     distribution_center
WHERE    center_no NOT IN (1,2)
```

실행 결과 4.2.15

CENTER_NO	STATUS	PERMISSION_DATE	FACILITY_EQUIPMENT	ADDRESS
3	영업중	2022-05-26	항온항습기, 지게차	서울시 중구 통일로 555
4	영업종료	2022-07-07	NULL	경기도 여주시 대신면 대신로 6-1
5	영업종료	2021-02-02	NULL	경기도 용인시 수지구 손곡로 29

쿼리문(4.2.15)을 바탕으로 center_no 칼럼의 값이 '1'이거나 '2'인 행만 제외하고 행이 필터링 되어 출
력됐음을 확인할 수 있습니다.

CENTER_NO	STATUS	PERMISSION_DATE	FACILITY_EQUIPMENT	ADDRESS
1	영업중	2022-07-04	화물자동차	경기도 이천시 마장면 덕평로 123
2	영업중	2021-06-10	지게차, 화물자동차	경기도 용인시 기흥구 언동로 987-2
3	영업중	2022-05-26	항온항습기, 지게차	서울시 중구 통일로 555
4	영업종료	2022-07-07	NULL	경기도 여주시 대신면 대신로 6-1
5	영업종료	2021-02-02	NULL	경기도 용인시 수지구 손곡로 29

05

집계를 위한 그룹화 GROUP BY절 HAVING절

GROUP BY절은 데이터를 그룹화하여 정보를 얻고 HAVING절은 GROUP BY절로 집계된 값에 특정 조건을 추가합니다. GROUP BY절의 작성 순서는 WHERE절 다음에 위치하며 HAVING절은 묶음 처리된 정보에만 조건을 추가할 수 있어 GROUP BY절 이후에 위치합니다. 이번 챕터에서는 GROUP BY절과 HAVING절의 사용 방법을 학습하고 이들과 자주 사용되는 함수에 대해 알아봅니다.

GROUP BY절 :
데이터 그룹화

특정 기준으로 데이터를 그룹화하는 GROUP BY절에 대해 알아봅니다.

01. GROUP BY절이란?

GROUP BY절은 특정 기준으로 데이터를 그룹화할 때 사용합니다. 예를 들어 엘리베이터에 성별과 나이가 각각 다른 사람들이 탑승했다고 가정하겠습니다.

| 남자/40대 | 남자/40대 | 남자/30대 | 남자/20대 |

| 여자/20대 | 여자/20대 | 여자/20대 |

이 사람들을 성별과 연령을 기준으로 그룹화해 분류하려는데 우선 성별을 기준으로 묶으면 다음 그림처럼 그룹화할 수 있습니다. 이를 SQL 구문으로 작성하면 GROUP BY 성별로 작성할 수 있습니다.

GROUP BY 성별

이어서 나이가 비슷한 사람들끼리 묶어 연령대를 기준으로 묶는다면 다음 그림처럼 20대, 30대, 40대의 세 그룹으로 묶을 수 있습니다. 이를 SQL 구문으로 작성한다면 GROUP BY 연령대로 작성할 수 있습니다.

GROUP BY 연령대

GROUP BY절은 특정 기준에 따라 자유롭게 그룹화할 수 있으며 묶음 처리의 기준은 하나만이 아니라 두 개 이상이 될 수도 있습니다. 만약 두 개의 기준으로 묶음 처리를 진행하고 싶다면 GROUP BY절에 기준1, 기준2로 두 가지의 기준을 쉼표로 구분해 작성하면 됩니다.

SELECT	*	⇨ 조회할 칼럼명
FROM	A	⇨ 조회할 테이블명
WHERE	조건식	⇨ 필터링할 조건
GROUP BY	기준	⇨ 그룹화할 기준

SELECT절부터 순서대로 작성한 쿼리문을 SQL의 처리 순서로 해석하면 ❶ A 테이블에서(FROM절) ❷ 조건을 만족하는 행들만 필터링한 후(WHERE절) ❸ 기준값이 같은 데이터끼리 그룹화해(GROUP BY절) ❹ 원하는 칼럼을 조회해줘(SELECT절)입니다.

GROUP BY절에 대한 사용 방법을 확인했다면 실제 어떻게 사용되고 있는지 살펴보겠습니다.

SALES 테이블에서 일별, 제품별로 묶어 그룹화하여 데이터를 조회하고 싶다면 다음과 같이 쿼리문을 작성합니다.

데이터 5.1.1

▶ SALES : 매출에 대한 데이터

▶ 칼럼은 차례대로 판매일자, 제품명, 판매개수, 금액의 정보를 갖는 테이블입니다.

날짜	제품명	수량	금액
01월 01일	마우스	1	1,000
01월 01일	마우스	2	2,000
01월 01일	키보드	1	10,000
03월 01일	키보드	1	10,000

일별로 판매된 수량과 금액

SALES 테이블을 확인한 후 일별로 판매된 제품의 수량과 금액을 살펴보면 1월 1일에는 총 4개 3월 1일에는 1개의 제품 판매가 발생한 것을 알 수 있습니다. 데이터가 많지 않으니 직관적인 확인이 가능해 결과를 쉽게 출력했으나 데이터가 많은 경우에는 육안상으로 확인이 어렵기 때문에 일별로 판매된 수량과 금액 데이터를 SQL로 출력한다면 다음과 같이 쿼리문을 작성할 수 있습니다.

쿼리 5.1.1

```
SELECT      날짜, SUM(수량) AS 수량, SUM(금액) AS 금액
FROM        sales
GROUP BY    날짜
```

실행 결과 5.1.1

날짜	수량	금액
01월 01일	4	13,000
03월 01일	1	10,000

쿼리문(5.1.1)을 바탕으로 날짜 칼럼의 값 중 '일'별로 데이터가 묶여 판매 제품 및 수량이 합산된 결과를 확인할 수 있습니다.

🖋 **핵심체크**

날짜	제품명	수량	금액
01월 01일	마우스	1	1,000
01월 01일	마우스	2	2,000
01월 01일	키보드	1	10,000
03월 01일	키보드	1	10,000

제품별로 판매된 수량과 금액

이어서 SALES 테이블을 확인한 후 제품별로 판매된 수량과 금액을 살펴보면 마우스는 총 3개, 키보드는 총 2개가 판매되어 각각 3,000원과 20,000원의 매출이 발생한 것을 알 수 있습니다. 데이터가 많지 않아 직관적인 확인이 가능했지만 데이터가 많은 경우 육안상 확인이 어렵기 때문에 제품별로 판매된 수량과 금액 데이터를 SQL로 출력한다면 다음과 같이 쿼리문을 작성할 수 있습니다.

쿼리 5.1.2

```
SELECT      제품명, SUM(수량) AS 수량, SUM(금액) AS 금액
FROM        sales
GROUP BY    제품명
```

실행 결과 5.1.2

제품명	수량	금액
마우스	3	3,000
키보드	2	20,000

쿼리문(5.1.2)을 바탕으로 제품명 칼럼의 값이 동일한 제품끼리 데이터가 묶여 판매 제품 및 수량이 합산된 결과를 확인할 수 있습니다.

핵심체크

날짜	제품명	수량	금액
01월 01일	마우스	1	1,000
01월 01일	마우스	2	2,000
01월 01일	키보드	1	10,000
03월 01일	키보드	1	10,000

일별 · 제품별로 판매된 수량과 금액

마지막으로 SALES 테이블을 확인한 후 일별 · 제품별로 판매된 수량과 금액을 살펴보겠습니다. 먼저 육안상으로 보면 1월 1일 마우스는 총 3개가 판매되어 3,000원, 키보드는 1개가 판매되어 10,000원의 매출 발생 3월 1일에는 키보드만 1개가 판매되어 10,000원의 매출이 발생했습니다. 이를 SQL로 출력한다면 다음과 같이 쿼리문을 작성할 수 있습니다.

쿼리 5.1.3

```
SELECT      날짜, 제품명, SUM(수량) AS 수량, SUM(금액) AS 금액
FROM        sales
GROUP BY    날짜, 제품명
```

실행 결과 5.1.3

날짜	제품명	수량	금액
01월 01일	마우스	3	3,000
01월 01일	키보드	1	10,000
03월 01일	키보드	1	10,000

쿼리문(5.1.3)을 바탕으로 날짜 · 제품명 칼럼의 값이 동일한 값끼리 데이터가 묶여 판매 제품 및 수량이 합산된 결과를 확인할 수 있습니다. 앞서 살펴보았던 GROUP BY절의 쿼리문과 다르게 두 가지의 조건을 쉼표로 구분하여 작성했으며 어떤 조건을 GROUP BY절에 먼저 작성했느냐에 따라 결괏값은 달라지지 않기에 순서 상관없이 작성해도 됩니다.

🖎 **핵심체크**

날짜	제품명	수량	금액
01월 01일	마우스	1	1,000
01월 01일	마우스	2	2,000
01월 01일	키보드	1	10,000
03월 01일	키보드	1	10,000

02

집계 함수

여러 행으로부터 하나의 결괏값을 출력하는 집계 함수에 대해 알아봅니다.

01. 집계 함수란?

집계 함수는 다양한 데이터 값을 한곳에 모아 계산하는 것을 의미하는 함수로 일반 함수가 각 행별로 처리된다면 집계 함수는 여러 행을 하나로 모아 계산합니다.

집계 함수	집계 함수 설명
COUNT	특정 칼럼의 행의 수를 세어준다.
SUM	특정 칼럼의 값을 더해준다.
AVG	특정 칼럼의 값들의 평균을 구해준다.
MIN	특정 칼럼의 값들 중 최솟값을 구해준다.
MAX	특정 칼럼의 값들 중 최댓값을 구해준다.

집계 함수와 일반 함수의 차이

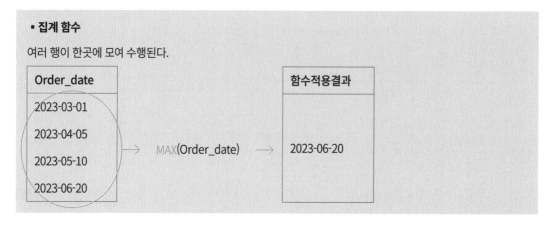

▪ 일반 함수

각 행별로 수행된다.

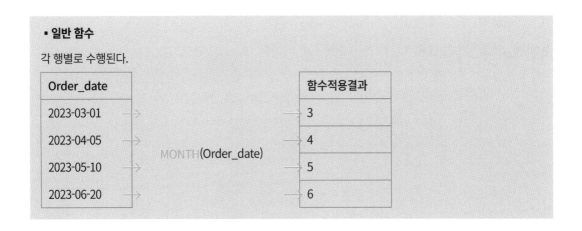

Order_date		함수적용결과
2023-03-01	→	3
2023-04-05	→	4
2023-05-10	→	5
2023-06-20	→	6

MONTH(Order_date)

집계 함수는 SELECT절에 작성되며 데이터를 그룹화한 후 집계를 수행하므로 대부분 GROUP BY 절과 함께 사용됩니다. 만약 쿼리문에 집계 함수가 있으나 GROUP BY절이 보이지 않으면 이는 작성된 테이블 전체를 하나의 단일 그룹으로 판단해 집계를 수행한 것입니다. 집계 함수의 개념과 원리를 확실히 이해했다면 사용 방법을 살펴보겠습니다.

전체 데이터에서 판매일자가 가장 큰 값과 국가별로 판매일자가 가장 큰 값을 출력하고 싶다면 다음과 같이 쿼리문을 작성할 수 있습니다(사용 방법은 집계 함수의 쿼리문 예시로 가볍게 봐주세요).

사용 방법

> **▪ 전체 데이터에서 판매일자가 가장 큰 값을 출력하면,**
> SELECT   MAX(판매일자)
> FROM   매출이력데이터
>
> **▪ 국가별로 판매일자가 가장 큰 값을 출력하면,**
> SELECT   국가, MAX(판매일자)
> FROM   매출이력데이터
> GROUP BY 국가

SELECT절부터 순서대로 작성한 쿼리문을 SQL의 처리 순서로 해석하면 먼저 전체 데이터의 쿼리문은 ❶ 매출이력데이터에서(FROM절) ❷ 판매일자 칼럼의 최댓값을 출력해줘(SELECT절)이고 다음, 국가별 데이터는 ❶ 매출이력데이터에서(FROM절) ❷ 국가별로 그룹화한 후(GROUP BY절) ❸ 국가별로 봤을 때 판매일자 칼럼의 최댓값을 출력해줘(SELECT절)입니다.

전체 데이터에서 판매일자의 최댓값을 구하는 경우 테이블을 하나의 그룹으로 보기 때문에 GROUP BY절 없이 쿼리문을 작성했으나 국가별로 판매일자의 최댓값을 구하는 경우 국가별로 그룹을 묶어야 하므로 GROUP BY절에 '국가'라는 기준을 추가해 동일한 그룹 내에서 집계 연산이 수행될 수 있도록 쿼리문을 작성했습니다. 집계 함수에 대한 사용 방법을 확인했다면 집계 함수의 종류를 좀 더 상세히 살펴보겠습니다.

COUNT : 행의 개수를 세어줘

COUNT는 행의 개수를 세어주는 함수로 작성되는 인수에 따라 세 가지의 사용 방법이 있습니다.

사용 방법

❶

```
SELECT    COUNT(칼럼명)  ❷ 칼럼의 값 중에서 NOT NULL값의 행의 개수를 세어준다.
FROM      A  ❶ 이 테이블의
```

❷

```
SELECT    COUNT(*)  ❷ 모든 행의 개수를 세어준다.
FROM      A  ❶ 이 테이블의
```

❸

```
SELECT    COUNT(DISTINCT 칼럼명)  ❷ 칼럼의 값 중에서 중복 값을 제외하고 NOT NULL값의 행의 개수를 세어준다.
FROM      A  ❶ 이 테이블의
```

집계 함수 COUNT에 대한 사용 방법을 확인했다면 실제 어떻게 사용되고 있는지 살펴보겠습니다.

데이터 5.2.1

▶ CUSTOMER_CH5 : 고객에 대한 정보

▶ 칼럼은 차례대로 고객 ID(고객에 고유하게 부여한 ID), 가입일자, 첫 구매일자, 누적 구매 금액의 정보를 갖는 테이블입니다.

customer_id	enter_date	first_order_date	cumulative_amount
001	2022-03-10	2022-03-10	10000
002	2023-02-15	2023-02-15	50000
003	2023-02-15	NULL	NULL

앞에서 학습한 COUNT 함수의 사용 방법을 활용해 CUSTOMER_CH5 테이블에서 특정 칼럼의 행의 개수를 출력하고 싶다면 다음과 같이 쿼리문을 작성할 수 있습니다.

쿼리 5.2.1

```
SELECT  COUNT(customer_id)              AS 함수적용결과1
      , COUNT(DISTINCT customer_id)     AS 함수적용결과2
      , COUNT(DISTINCT enter_date)      AS 함수적용결과3
      , COUNT(first_order_date)         AS 함수적용결과4
      , COUNT(*)                        AS 함수적용결과5
  FROM  customer_ch5
```

실행 결과 5.2.1

함수적용결과1	함수적용결과2	함수적용결과3	함수적용결과4	함수적용결과5
3	3	2	2	3

쿼리문(5.2.1)을 바탕으로 작성된 인수에 따라 다른 COUNT 함수별 개수의 결과를 확인할 수 있습니다.

결과를 자세히 살펴보면 함수적용결과3은 DISTINCT의 영향으로 'enter_date' 칼럼에서 '2023-02-15'의 중복을 제거한 후 개수를 세어보니 '2'가 출력되었습니다. 함수적용결과4는 'first_order_date' 칼럼의 NOT NULL값의 개수를 세어보니 '2'가 출력되었습니다.

▶ SALES_CH5 : 고객 매출에 대한 정보

▶ 칼럼은 차례대로 주문 ID(주문별로 고유하게 부여한 ID), 매출일자, 매출이 일어난 도시정보, 구매고객 ID, 구매 금액의 정보를 갖는 테이블입니다.

order_id	order_date	city	customer_id	sales_amount
1	2023-01-01	서울	a001	5000
2	2023-04-30	서울	a001	10000
3	2023-05-10	부산	a001	10000
4	2023-05-10	부산	a002	5000
5	2023-06-30	부산	a003	5000

이어서 COUNT 함수와 GROUP BY절을 함께 사용하는 경우를 살펴보겠습니다. SALES_CH5 테이블에서 지역별로 발생한 주문수, 구매 고객수를 출력하고 싶다면 다음과 같이 쿼리문을 작성할 수 있습니다.

```
SELECT    city
          , COUNT(order_id) AS 주문수
          , COUNT(DISTINCT customer_id) AS 구매고객수
FROM      sales_ch5
GROUP BY  city
```

CITY	주문수	구매고객수
서울	2	1
부산	3	3

쿼리문(5.2.2)을 바탕으로 GROUP BY절에 'city'라는 기준을 추가해 동일한 지역의 데이터끼리 묶어 지역별로 발생한 주문수, 구매 고객수의 결과를 확인할 수 있습니다.

📋 핵심체크

ORDER_ID	ORDER_DATE	CITY	CUSTOMER_ID	SALES_AMOUNT		count (order_id)	count (DISTINCT customer_id)
1 ○	2023-01-01	서울	a001	5000		2	1
2 ○	2023-04-30	서울	a001 (중복 값)	10000			
3 △	2023-05-10	부산	a001 △	10000		3	3
4 △	2023-05-10	부산	a002 △	5000			
5 △	2023-06-30	부산	a003 △	5000			

SUM : 합계를 내줘

SUM은 행의 합계를 구하는 함수로 특정 칼럼을 인수로 해당 칼럼의 값 합계를 출력합니다.

사용 방법

```
SELECT    SUM(칼럼명)      ❷ 해당 칼럼의 값을 모두 합한다.
FROM      A  ❶ 이 테이블의
```

집계 함수 SUM에 대한 사용 방법을 확인했다면 실제 어떻게 사용되고 있는지 살펴보겠습니다.

SALES_CH5 테이블의 전체 매출을 구하고 싶다면 다음과 같이 쿼리문을 작성할 수 있습니다.

쿼리 5.2.3

```
SELECT  SUM(sales_amount) AS 전체매출
FROM    sales_ch5
```

전체매출

35000

쿼리문(5.2.3)을 바탕으로 판매된 제품의 매출을 알 수 있는 'sales_amount' 칼럼의 값을 모두 합해 전체 매출 결과를 확인할 수 있습니다.

이어서 GROUP BY절을 사용해 SALES_CH5 테이블에서 지역별 매출을 구하고 싶다면 다음과 같이 쿼리문을 작성할 수 있습니다.

쿼리 5.2.4

```
SELECT     city
           , SUM(sales_amount) AS 매출
FROM       sales_ch5
GROUP BY   city
```

실행 결과 5.2.4

CITY	매출
서울	15000
부산	20000

쿼리문(5.2.4)을 바탕으로 GROUP BY절에 'city'라는 기준을 추가해 동일한 지역의 데이터끼리 묶어 지역별 매출의 결과를 확인할 수 있습니다.

핵심체크

ORDER_ ID	ORDER_ DATE	CITY	CUSTOMER_ ID	SALES_ AMOUNT		SUM (sales_amount)
1	2023-01-01	서울	a001	5000 ○	합계	15000
2	2023-04-30	서울	a001	10000 ○		
3	2023-05-10	부산	a001	10000 △	합계	20000
4	2023-05-10	부산	a002	5000 △		
5	2023-06-30	부산	a003	5000 △		

이어서 GROUP BY절을 또 사용해 SALES_CH5 테이블의 고객별 매출을 구하고 싶다면 다음과 같이 쿼리문을 작성할 수 있습니다.

쿼리 5.2.5

```
SELECT     customer_id
         , SUM(sales_amount) AS 매출
FROM       sales_ch5
GROUP BY   customer_id
```

실행 결과 5.2.5

CUSTOMER_ID	매출
a001	25000
a002	5000
a003	5000

쿼리문(5.2.5)을 바탕으로 GROUP BY절에 'customer_id'라는 기준을 추가해 동일한 ID끼리 묶어 고객별 매출의 결과를 확인할 수 있습니다.

🖥 **핵심체크**

ORDER_ID	ORDER_DATE	CITY	CUSTOMER_ID	SALES_AMOUNT	SUM (sales_amount)
1	2023-01-01	서울	a001	5000 ○	
2	2023-04-30	서울	a001	10000○	합계 → 25000
3	2023-05-10	부산	a001	10000○	
4	2023-05-10	부산	a002	5000 △	합계 → 5000
5	2023-06-30	부산	a003	5000 □	합계 → 5000

03

HAVING절 :
그룹화 후 조건식 지정

그룹화 이후 필터링을 진행할 특정 조건을 작성하는 HAVING절에 대해서 알아봅니다.

01. HAVING절이란?

데이터 5.2.2

　HAVING절은 그룹화 이후 필터링 조건을 작성하는 절입니다. WHERE절과 기능이
동일하지만 차이가 있다면 WHERE절은 FROM절 다음으로 처리되고 테이블 데이터에
서 필터링 되지만 HAVING절은 반드시 GROUP BY절로 데이터가 묶인 다음 진행되
어 그룹화 결과에 따라 필터링합니다.

사용 방법

SELECT	*	⤷ 조회할 칼럼명
FROM	A	⤷ 조회할 테이블명
WHERE	조건식	⤷ 필터링할 조건
GROUP BY	기준	⤷ 그룹화할 기준
HAVING	조건식	⤷ 그룹화 이후 필터링할 조건

　SELECT절부터 순서대로 작성한 쿼리문을 SQL의 처리 순서로 해석하면 ❶ A 테이블에서(FROM절)
❷ 조건을 만족하는 행들만 필터링한 후(WHERE절) ❸ 기준값이 같은 데이터끼리 그룹화하여(GROUP BY
절) ❹ 작성한 조건으로 필터링하고(HAVING절) ❺ 원하는 칼럼을 조회해줘(SELECT절)입니다.

　HAVING절에 대한 사용 방법을 확인했다면 실제 어떻게 사용되고 있는지 살펴보겠습니다. SALES_
CH5 테이블에서 고객별로 매출을 구하고 그 값이 20,000을 초과하는 값만 구하고 싶다면 다음과 같이
쿼리문을 작성할 수 있습니다.

```
SELECT      customer_id
            , SUM(sales_amount) AS 매출
FROM        sales_ch5
GROUP BY    customer_id
HAVING      SUM(sales_amount) > 20000
```

실행 결과 5.3.1

CUSTOMER_ID	매출
a001	25000

쿼리문(5.3.1)을 바탕으로 고객별로 매출을 구하기 위해 GROUP BY절에 customer_id라는 기준을 작성하였으며, 이때 동일 고객 내에서 sales_amount의 합계를 낸 값에 대해 20,000을 초과하는 값을 확인하기 위해 HAVING절에 SUM(sales_amount) > 20000 조건식을 입력한 것을 볼 수 있습니다.

🔍 핵심체크

ORDER_ID	ORDER_DATE	CITY	CUSTOMER_ID	SALES_AMOUNT		SUM (sales_amount)	HAVING절 조건
1	2023-01-01	서울	a001	5000 ○			
2	2023-04-30	서울	a001	10000 ○	→	25000	O 조건 만족
3	2023-05-10	부산	a001	10000 ○			
4	2023-05-10	부산	a002	5000 △	→	5000	X 조건 불만족
5	2023-06-30	부산	a003	5000	→	5000	X 조건 불만족

쿼리문(5.2.5)과 실행 결과(5.2.5)를 비교해 보면 고객별 매출 데이터를 구하는 쿼리문까지는 진행이 동일하지만 20,000이 넘는 값만 출력하라는 조건이 붙어 GROUP BY절 이후 HAVING절을 사용해 필터링이 진행된 것을 확인할 수 있습니다.

실습

앞에서 배운 내용을 바탕으로 직접 데이터를 분석해보는 실습을 진행합니다.

01. 식료품 매출 데이터

식료품 업체의 매출 데이터를 살펴보며 다음 질문에 따라 데이터를 직접 분석해 보는 실습을 진행하겠습니다.

데이터

▶ GROCERY_SALES : 식료품 판매에 대한 매출 정보

▶ 칼럼은 차례대로 주문 ID(주문별로 고유하게 부여한 ID), 매출일자, 판매 채널명, 상품 카테고리명, 상품명, 판매 금액, 판매 수량의 정보를 갖는 테이블입니다.

order_id	order_date	sales_channel	category_name	product_name	sales_amount	sales_quantity
1	2023-01-10	자사몰	라면	매운맛라면	1000	1
2	2023-01-10	자사몰	라면	매운맛라면	2000	2
3	2023-02-15	오픈마켓	라면	짜장라면	3000	2
3	2023-02-15	오픈마켓	과자	초코과자	3000	1
3	2023-02-15	오픈마켓	과자	땅콩과자	4000	2
4	2023-02-22	오픈마켓	과자	초코과자	9000	3
5	2023-02-22	편의점	과자	초코과자	12000	4
6	2023-03-20	직영매장	음료	아메리카노	3000	3

참고로 매출 데이터가 테이블에 쌓이는 원리는 온라인 쇼핑할 때를 떠올리면 이해하기 쉽습니다. 제품을 주문하면 주문 건당 주문 번호가 부여되고, 배송비를 아끼기 위해 여러 개의 제품을 같이 구매했다면 테이블에는 하나의 주문이더라도 각 제품별로 한 줄씩 테이블에 적재됩니다.

예를 들어 주문 ID(order_id)가 '3'인 주문은 한 번에 짜장라면 2개와 초코과자 1개, 땅콩과자 2개를 구매했고 구매 제품별로 데이터가 한 줄씩 쌓여 있는 모습을 확인할 수 있습니다. 이 원리를 확실히 이해했다면 매출 데이터를 바탕으로 여러 관점에서 통계 지표를 출력해 보겠습니다.

 Q1

'월'별로 제품의 판매 매출과 수량을 확인하고 싶습니다.

실행 결과

SALES_MONTH	AMOUNT_BY_MONTH	QUANTITY_BY_MONTH
1	3000	3
2	31000	12
3	3000	3

힌트 : MONTH 함수, SUM 함수, GROUP BY절

쿼리

```
SELECT     MONTH(order_date) AS sales_month
         , SUM(sales_amount) AS amount_by_month
         , SUM(sales_quantity) AS quantity_by_month
FROM       grocery_sales
GROUP BY   MONTH(order_date)
```

월별로 제품의 판매 매출과 수량을 확인하고 싶다면 먼저 같은 월(month)끼리 그룹화한 후 월별 판매 매출과 수량을 합하면 됩니다.

GROCERY_SALES 테이블에서(FROM절) order_date 칼럼의 월(month)이 같은 것끼리 그룹화한 후 (GROUP BY절) sales_amount 칼럼의 합계와 sales_quantity 칼럼의 합계를 출력합니다(SLELCT절).

order_id	order_date	sales_channel	category_name	product_name	sales_amount	sales_quantity
1	2023-01-10	자사몰	라면	매운맛라면	1000	1
2	2023-01-10	자사몰	라면	매운맛라면	2000	2
3	2023-02-15	오픈마켓	라면	짜장라면	3000	2
3	2023-02-15	오픈마켓	과자	초코과자	3000	1
3	2023-02-15	오픈마켓	과자	땅콩과자	4000	2
4	2023-02-22	오픈마켓	과자	초코과자	9000	3
5	2023-02-22	편의점	과자	초코과자	12000	4
6	2023-03-20	직영매장	음료	아메리카노	3000	3

Q2

'판매 채널'별로 제품의 판매 매출과 수량을 확인하고 싶습니다.

실행 결과

CHANNEL_NAME	AMOUNT_BY_CHANNEL	QUANTITY_BY_CHANNEL
자사몰	3000	3
오픈마켓	19000	8
편의점	12000	4
직영매장	3000	3

힌트 : SUM 함수, GROUP BY절

쿼리

```
SELECT    sales_channel AS channel_name
        , SUM(sales_amount) AS amount_by_channel
        , SUM(sales_quantity) AS quantity_by_channel
FROM      grocery_sales
GROUP BY  sales_channel
```

판매 채널별로 제품의 판매 매출과 수량을 확인하고 싶다면 같은 판매 채널끼리 그룹화한 후 채널별 판매 매출과 수량을 합하면 됩니다.

GROCERY_SALES 테이블에서(FROM절) sales_channel 칼럼의 판매 채널이 같은 것끼리 그룹화한 후(GROUP BY절) sales_amount 칼럼의 합계와 sales_quantity 칼럼의 합계를 출력합니다(SLELCT절).

🔖 핵심체크

order_id	order_date	sales_channel	category_name	product_name	sales_amount	sales_quantity
1	2023-01-10	자사몰	라면	매운맛라면	1000	1
2	2023-01-10	자사몰	라면	매운맛라면	2000	2
3	2023-02-15	오픈마켓	라면	짜장라면	3000	2
3	2023-02-15	오픈마켓	과자	초코과자	3000	1
3	2023-02-15	오픈마켓	과자	땅콩과자	4000	2
4	2023-02-22	오픈마켓	과자	초코과자	9000	3
5	2023-02-22	편의점	과자	초코과자	12000	4
6	2023-03-20	직영매장	음료	아메리카노	3000	3

Q3

'판매채널의 대분류(온·오프라인)'별로 제품의 판매 매출과 수량을 확인하고 싶습니다('자사몰'
과 '오픈마켓'은 온라인으로 분류되는 채널이며, '편의점'과 '직영매장'은 오프라인으로 분류되는 채널입니다).

실행 결과

CAHANNEL_NAME	AMOUNT_BY_CHANNEL	QUANTITY_BY_CHANNEL
온라인	22000	11
오프라인	15000	7

힌트 : CASE문, IN 연산자, SUM 함수, GROUP BY절

쿼리

```
SELECT    CASE WHEN sales_channel IN ('자사몰','오픈마켓') THEN '온라인'
               WHEN sales_channel IN ('편의점','직영매장') THEN '오프라인'
          END AS channel_name
          , SUM(sales_amount) AS amount_by_channel
          , SUM(sales_quantity) AS quantity_by_channel
FROM      grocery_sales
GROUP BY  CASE WHEN sales_channel IN ('자사몰','오픈마켓') THEN '온라인'
               WHEN sales_channel IN ('편의점','직영매장') THEN '오프라인'
          END
```

　판매 채널의 대분류별로 제품의 판매 매출과 수량을 확인하고 싶다면 같은 판매 채널끼리 그룹화
한 후 제품의 판매 매출과 수량을 합하면 됩니다. GROCERY_SALES 테이블에는 따로 대분류 칼럼
이 존재하지 않기에 'Q1'의 판매일자를 함수로 가공해 월만 출력했던 것처럼 이번에는 GROUP BY절에
CASE문을 사용해 쿼리를 작성합니다.

　GROCERY_SALES 테이블에서(FROM절) sales_channel 칼럼의 판매 채널이 '자사몰'이거나 '오픈
마켓'이라면 '온라인'으로 분류하고 sales_channel 칼럼의 판매 채널이 '편의점'이거나 '직영매장'이라면
'오프라인'으로 분류해(GROUP BY절) sales_amount 칼럼의 합계와 sales_quantity 칼럼의 합계를 구
해 출력합니다(SLELCT절).

order_id	order_date	sales_channel	category_name	product_name	sales_amount	sales_quantity	case문
1	2023-01-10	자사몰	라면	매운맛라면	1000	1	→ 온라인
2	2023-01-10	자사몰	라면	매운맛라면	2000	2	→ 온라인
3	2023-02-15	오픈마켓	라면	짜장라면	3000	2	→ 온라인
3	2023-02-15	오픈마켓	과자	초코과자	3000	1	→ 온라인
3	2023-02-15	오픈마켓	과자	땅콩과자	4000	2	→ 온라인
4	2023-02-22	오픈마켓	과자	초코과자	9000	3	→ 온라인
5	2023-02-22	편의점	과자	초코과자	12000	4	→ 오프라인
6	2023-03-20	직영매장	음료	아메리카노	3000	3	→ 오프라인

 Q4

'제품'별로 제품의 판매 매출과 수량을 확인한 후 총 판매 수량이 3개 이상인 제품만 확인하고 싶습니다.

실행 결과

PRODUCT_NAME	AMOUNT_BY_PRODUCT	QUANTITY_BY_PRODUCT
매운맛라면	3000	3
초코과자	24000	8
아메리카노	3000	3

힌트 : SUM 함수, GROUP BY절, HAVING절

쿼리

```
SELECT      product_name
          , SUM(sales_amount) AS amount_by_product
          , SUM(sales_quantity) AS quantity_by_product
FROM      grocery_sales
GROUP BY  product_name
HAVING    SUM(sales_quantity) >= 3
```

제품별로 판매 매출과 수량을 확인한 후 총 판매 수량이 3개 이상인 제품만 출력하고 싶다면 같은 제품끼리 그룹화한 후 제품별 판매 수량을 합해 판매 개수가 3개 이상인 제품만 출력될 수 있도록 HAVING절에 조건을 작성하면 됩니다.

GROCERY_SALES 테이블에서(FROM절) product_name 칼럼의 제품명이 같은 것끼리 그룹화한 후 (GROUP BY절) sales_quantity 칼럼의 값 합계가 3개 이상인 제품만 출력되도록 조건을 작성해(HAVING절) sales_amount 칼럼의 합계와 sales_quantity 칼럼의 합계를 구해 출력합니다(SLELCT절).

📍 핵심체크

order_id	order_date	sales_channel	category_name	product_name	sales_amount	sales_quantity	SUM (sales_quantity)	HAVING 절 조건
1	2023-01-10	자사몰	라면	매운맛라면	1000	1	3	O 조건 만족
2	2023-01-10	자사몰	라면	매운맛라면	2000	2		
3	2023-02-15	오픈마켓	라면	짜장라면	3000	2	2	X 조건 불만족
3	2023-02-15	오픈마켓	과자	땅콩과자	4000	2	2	X 조건 불만족
3	2023-02-15	오픈마켓	과자	초코과자	3000	1	8	O 조건 만족
4	2023-02-22	오픈마켓	과자	초코과자	9000	3		
5	2023-02-22	편의점	과자	초코과자	12000	4		
6	2023-03-20	직영매장	음료	아메리카노	3000	3	3	O 조건 만족

06

데이터 정렬
ORDER BY절

ORDER BY절은 특정 칼럼을 기준으로 데이터를 정렬한 후 출력합니다. 일반적으로 SELECT문의 맨 마지막에 위치하며 정렬할 칼럼을 오름차순(ASC)과 내림차순(DESC)으로 조회 순서를 지정할 수 있습니다. 이번 챕터에서는 ORDER BY절을 사용해 원하는 기준에 맞춰 데이터를 정렬하는 방법에 대해 알아봅니다.

ORDER BY절 : 특정 기준으로 데이터 정렬

SQL문으로 SELECT된 데이터를 다양한 기준에 맞춰 정렬하는 ORDER BY절에 대해서 알아봅니다.

01. ORDER BY절이란?

ORDER BY절은 특정 기준으로 데이터를 정렬하고 싶을 때 정렬 기준과 정렬 방법(오름차순, 내림차순)을 작성하는 절입니다. 여기서 정렬은 행(row)에 대한 정렬을 의미합니다.

사용 방법

SELECT	*	↪ 조회할 칼럼명
FROM	A	↪ 조회할 테이블명
WHERE	조건식	↪ 필터링할 조건
GROUP BY	기준	↪ 그룹화할 기준
HAVING	조건식	↪ 그룹화 후 필터링할 조건
ORDER BY	정렬기준 정렬방법	↪ 정렬할 기준

SELECT절부터 순서대로 작성한 쿼리문을 SQL의 처리 순서로 해석하면 ❶ A 테이블에서(FROM절) ❷ 조건을 만족하는 행들만 필터링한 후(WHERE절) ❸ 기준값이 같은 데이터끼리 그룹화하여(GROUP BY절) ❹ 조건을 작성해 필터링하고(HAVING절) ❺ 원하는 칼럼을 조회해(SELECT절) ❻ 정렬 기준(ORDER BY절)에 따라 순서대로 처리한 결과를 보여줘입니다. 또한, ORDER BY절은 정렬 기준이 되는 칼럼과 정렬 방법에 대해서도 설정할 수 있습니다.

ORDER BY절에 대한 사용 방법을 확인했다면 실제 어떻게 사용되고 있는지 살펴보겠습니다.

데이터 6.1.1

▶ EMPLOYEE_INFO : 임직원 정보에 대한 정보

▶ 칼럼은 차례대로 임직원 ID(고객에 고유하게 부여한 ID), 직원 이름, 입사일, 급여의 정보를 갖는 테이블입니다.

employee_id	employee_name	join_date	salary
a001	이민규	2020-10-03	5000
a002	최태호	2015-02-02	6000
a003	김미나	2016-12-31	7500
a004	이주영	2012-05-20	8000
a005	민다혜	2012-05-26	8000

EMPLOYEE_INFO 테이블의 전체 칼럼에서 입사일이 빠른 순서대로 칼럼 값을 정렬하고 싶다면 다음과 같이 쿼리문을 작성할 수 있습니다.

쿼리 6.1.1

```
SELECT    *
FROM      employee_info
ORDER BY  join_date ASC
```

EMPLOYEE_ID	EMPLOYEE_NAME	JOIN_DATE	SALARY
a004	이주영	2012-05-20	8000
a005	민다혜	2012-05-26	8000
a002	최태호	2015-02-02	6000
a003	김미나	2016-12-31	7500
a001	이민규	2020-10-03	5000

쿼리문(6.1.1)을 바탕으로 입사일이 빠른 순서대로 칼럼 값을 정렬하기 위해 join_date 칼럼을 ORDER BY절에 작성한 후 정렬 방법을 'ASC' 오름차순으로 작성한 실행 결과를 확인할 수 있습니다.

핵심체크

EMPLOYEE_ID	EMPLOYEE_NAME	JOIN_DATE	SALARY
a004	이주영	2012-05-20	8000
a005	민다혜	2012-05-26	8000
a002	최태호	2015-02-02	6000
a003	김미나	2016-12-31	7500
a001	이민규	2020-10-03	5000

join_date 칼럼의 오름차순(값이 작은 것부터 큰 순서대로)으로 행을 정렬

이어서 ORDER BY절의 기준 및 정렬 방법을 활용해 EMPLOYEE_INFO 테이블의 전체 칼럼에서 급여가 높은 순서대로 칼럼 값을 정렬하고 값이 동일한 경우 입사일 기준으로 오름차순 정렬을 실행하는 쿼리문을 작성해 보겠습니다.

쿼리 6.1.2

▶ 정렬 기준을 '칼럼명'으로 작성

```
SELECT    *
FROM      employee_info
ORDER BY  salary DESC , join_date ASC
```

▶ 정렬 기준을 '칼럼조회순서(숫자값)'으로 작성

```
SELECT employee_id
      , employee_name
      , join_date AS join_dt
      , salary
FROM   employee_info
ORDER BY  4 DESC , 3 ASC
```

▶ 정렬 기준을 '칼럼의 ALIAS로 설정한 별칭명'으로 작성

```
SELECT    employee_id
          , employee_name
          , join_date AS join_dt
          , salary
FROM      employee_info
ORDER BY  salary DESC , join_dt ASC
```

EMPLOYEE_ID	EMPLOYEE_NAME	JOIN_DATE	SALARY
a004	이주영	2012-05-20	8000
a005	민다혜	2012-05-26	8000
a003	김미나	2016-12-31	7500
a002	최태호	2015-02-02	6000
a001	이민규	2020-10-03	5000

쿼리문(6.1.2)을 바탕으로 먼저 급여가 높은 순서대로 정렬한 후 칼럼 값이 동일하면 입사일 기준으로 오름차순 정렬하기 위해 ORDER BY절에 salary, join_date 칼럼 순으로 작성한 실행 결과를 확인할 수 있습니다. 정렬의 기준값 순서에 따라 결괏값이 달라질 수 있으니 주의합니다(입사일 이후 급여를 정렬할 경우 결괏값은 실행 결과(6.1.1)와 동일하게 출력됩니다).

✓ 핵심체크 --

EMPLOYEE_ID	EMPLOYEE_NAME	JOIN_DATE	SALARY
a004	이주영	2012-05-20	8000
a005	민다혜	2012-05-26	8000
a003	김미나	2016-12-31	7500
a002	최태호	2015-02-02	6000
a001	이민규	2020-10-03	5000

salary 칼럼의 내림차순 (값이 큰 것부터 작은 순서대로)으로 행을 정렬

salary 칼럼 값이 동일하면, join_date값의 오름차순(값이 작은 것부터 큰 순서대로)으로 행을 정렬

학습 키워드

#서브쿼리 #스칼라_서브쿼리 #인라인뷰
#단일행_서브쿼리 #다중행_서브쿼리 #다중열_서브쿼리

서브쿼리

서브쿼리는 쿼리문에 포함된 또 다른 쿼리문을 의미하며 괄호를 사용해 작성합니다. 이번 챕터에서는 서브쿼리의 종류 및 사용 방법을 학습하고 쿼리문을 간단하게 정리하는 방법에 대해 알아봅니다.

서브쿼리 : 쿼리 안에 쿼리

SQL문을 좀 더 다양하게 활용할 수 있도록 도와주는 서브쿼리의 종류 및 사용 방법에 대해 알아봅니다.

01. 서브쿼리란?

서브쿼리는 쿼리문에 포함된 또 다른 쿼리문을 의미합니다. 설명하면 일반 SELECT문에는 SELECT 절, FROM절, WHERE절 등이 순서에 맞게 한 번씩 작성되지만 서브쿼리는 SELECT절, FROM절, WHERE절에 또 다른 SELECT문이 종속되어 작성됩니다.

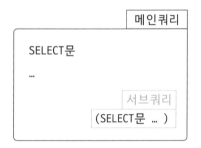
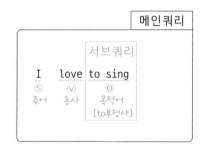

SQL이 영어와 닮은 점이 많은 언어라는 걸 떠올리면 서브쿼리를 더 쉽게 이해할 수 있습니다. 영어 문장은 '주어와 동사'의 기본 구조로 이루어져 있습니다. 'I love to sing'이라는 문장에서 주어는 'I'이고 동사는 'love'입니다. 'sing'은 사전적으로 '노래하다'라는 동사의 의미를 갖고 있으나 해당 문장에서는 to 부정사로 목적어의 역할을 하고 있습니다. 이처럼 동사인 듯 보이나 동사가 아닌 to부정사, 동명사 등으로 문장에 사용되는 경우를 SQL의 서브쿼리와 유사한 개념이라고 볼 수 있습니다.

서브쿼리는 메인쿼리에서 특정 칼럼의 값을 가져오거나 필터링하는 값으로 메인쿼리를 도와주는 조력자 역할을 합니다. 서브쿼리를 작성할 때는 해당 부분을 괄호로 묶어 사용하며 중복 사용이 가능해 SELECT문에 다수의 서브쿼리를 작성할 수 있습니다.

서브쿼리 종류

서브쿼리는 작성하는 절과 값에 따라 크게 세 가지 종류로 나뉩니다. 서브쿼리의 종류에 대해 상세히 알아봅니다.

01. 서브쿼리 분류

서브쿼리는 위치에 따라 SELECT절, FROM절, WHERE절로 나뉘어 사용되며 부르는 명칭도 조금씩 다릅니다. SELECT절에 작성된 서브쿼리는 '스칼라 서브쿼리', FROM절에 작성된 서브쿼리는 '인라인 뷰', WHERE절에 작성된 서브쿼리는 가장 일반적인 형태로 '일반 서브쿼리'라 부르며 실무에서는 FROM절과 WHERE절에 자주 사용됩니다.

서브쿼리 작성 위치에 따른 분류

- **스칼라 서브쿼리** : SELECT절에 서브쿼리 작성
- **인라인 뷰** : FROM절에 서브쿼리 작성
- **일반 서브쿼리** : WHERE절에 서브쿼리 작성

이어서 위치뿐만 아니라 서브쿼리의 결괏값에 따라서도 세 종류로 나누어집니다. 결괏값이 단 1개의 값을 반환하면 단일행 서브쿼리, 1개 이상의 값을 반환하면 다중행 서브쿼리, 1개 이상의 열과 행에 다중의 값을 반환하면 다중열 서브쿼리라 부릅니다.

서브쿼리 결괏값에 따른 분류

종류	설명
단일행 서브쿼리 (Single-row Subquery)	 하나의 열에 하나의 행을 반환하다.
다중행 서브쿼리 (Multiple-row Subquery)	하나의 열에 하나 이상의 행을 반환한다.
다중열 서브쿼리 (Multi-columns Subquery)	하나 이상의 열에 하나 이상의 행을 반환한다.

작성되는 위치와 결괏값에 따라 달라지는 서브쿼리의 종류에 대해 살펴보았다면 이번에는 서브쿼리의 사용 방법에 대해 자세히 알아보겠습니다.

02. SELECT절 서브쿼리

SELECT절에 사용되는 서브쿼리의 경우 서브쿼리 결괏값이 칼럼 값으로 기능하기 때문에 반드시 결괏값에 상응하는 하나의 칼럼 값을 가져야 합니다.

SELECT절 서브쿼리의 사용 방법은 간단합니다. SELECT절에 괄호를 입력해 SELECT문을 작성하고 서브쿼리 WHERE절에 메인쿼리와 연결할 수 있는 조건을 작성해 줍니다.

사용 방법

```
SELECT     칼럼1
         , 칼럼2
         , ...
         , (SELECT 칼럼1 FROM 테이블A WHERE 메인쿼리와 연결되는 조건) AS 별칭명
FROM     A
WHERE     ...
GROUP BY ...
HAVING   ...
ORDER BY ...
```

SELECT절 서브쿼리에 대한 사용 방법을 확인했다면 실제 어떻게 사용되고 있는지 살펴보겠습니다.

제품 정보가 있는 PRODUCT_INFO 테이블과 제품 카테고리가 있는 CATEGORY_INFO 테이블, 이벤트 제품에 대한 정보가 있는 EVENT_INFO 테이블에서 제품의 정보와 해당 제품의 카테고리명을 함께 조회하고 싶다면 SELECT절 서브쿼리를 활용해 다음과 같이 쿼리문을 작성할 수 있습니다.

데이터 7.2.1

▶ PRODUCT_INFO 테이블 : 제품에 대한 정보

▶ 칼럼은 차례대로 제품 ID(제품에 부여한 ID), 상품명, 카테고리 ID, 가격, 전시 여부, 등록 날짜 순으로 정보를 갖는 테이블입니다.

product_id	product_name	category_id	price	display_status	register_date
p001	A노트북 14inch	c01	1500000	전시중	2022-10-02
p002	B노트북 16inch	c01	2000000	전시중지	2022-11-30
p003	C노트북 16inch	c01	3000000	전시중	2023-03-11
p004	D세탁기	c01	1500000	전시중	2021-08-08
p005	E건조기	c01	1800000	전시중	2022-08-09
p006	핸드폰케이스	c02	21000	전시중	2023-04-03
p007	노트북 액정보호필름	c02	15400	전시중	2023-04-03

데이터 7.3.1

▶ CATEGORY_INFO 테이블 : 제품 카테고리에 대한 정보

▶ 칼럼은 차례대로 카테고리 ID(카테고리에 부여한 ID), 카테고리명의 정보를 갖는 테이블입니다.

category_id	category_name
c01	가전제품
c02	액세서리

데이터 7.4.1

▶ EVENT_INFO 테이블 : 이벤트 제품에 대한 정보

▶ 칼럼은 차례대로 이벤트 ID(이벤트에 고유하게 부여한 ID), 해당 이벤트의 대상이 되는 제품의 ID를 갖는 테이블입니다.

event_id	product_id
e1	p001
e1	p002
e1	p003
e2	p003
e2	p004
e2	p005

```
SELECT    product_id
        , product_name
        , category_id
        , price
        , display_status
        , register_date
        , (SELECT category_name FROM category_info WHERE category_id = p.category_id)
        AS category_name
FROM     product_info p
```

실행 결과 7.2.1

PRODUCT_ID	PRODUCT_NAME	CATEGORY_ID	PRICE	DISPLAY_STATUS	REGISTER_DATE	CATEGORY_NAME
p001	A노트북 14inch	c01	1500000	전시중	2022-10-02	가전제품
p002	B노트북 16inch	c01	2000000	전시중지	2022-11-30	가전제품
p003	C노트북 16inch	c01	3000000	전시중	2023-03-11	가전제품
p004	D세탁기	c01	1500000	전시중	2021-08-08	가전제품
p005	E건조기	c01	1800000	전시중	2022-08-09	가전제품
p006	핸드폰케이스	c02	21000	전시중	2023-04-03	액세서리
p007	노트북 액정보호필름	c02	15400	전시중	2023-04-03	액세서리

쿼리문(7.2.1)을 바탕으로 SELECT절 맨 아래 괄호에 묶인 서브쿼리를 확인할 수 있으며 메인쿼리 테이블과 연결하기 위해 서브쿼리 WHERE절에 category_id 칼럼과 메인쿼리 테이블의 category_id 칼럼이 같다는 조건이 작성되어 있습니다.

그 결과 서브쿼리 부분만 살펴보면 CATEGORY_INFO 테이블과 PRODUCT_INFO 테이블의 category_id 칼럼이 같은 경우 가전제품, 액세서리와 같은 category_name 칼럼의 결괏값이 출력됐음을 확인할 수 있습니다.

03. FROM절 서브쿼리

데이터 7.2.1

FROM절에 사용되는 서브쿼리의 경우 서브쿼리 결괏값이 하나의 테이블로 기능하기 때문에 서브쿼리의 결과는 FROM절에 작성하게 될 하나의 테이블입니다.

FROM절 서브쿼리의 사용 방법은 간단합니다. FROM절에 괄호를 입력해 SELECT 문을 작성하고 닫기 괄호 이후에 AS(별칭)를 작성해야 오류 없이 쿼리문이 실행됩니다.

사용 방법

```
SELECT    칼럼1
        , 칼럼2
        , ...
FROM     (SELECT 칼럼1
               , 칼럼2
        , ...
        FROM A
        ) AS 테이블 별칭
WHERE    ...
GROUP BY ...
HAVING   ...
ORDER BY ...
```

FROM절 서브쿼리에 대한 사용 방법을 확인했다면 실제 어떻게 사용되고 있는지 살펴보겠습니다.

PRODUCT_INFO 테이블에서 카테고리 별로 제품의 개수가 5개 이상인 카테고리만 출력하고 싶다면 FROM절 서브쿼리를 활용해 다음과 같이 쿼리문을 작성할 수 있습니다.

```
SELECT *
FROM   (
         SELECT    category_id
                 , COUNT(product_id) AS count_of_product
         FROM      product_info
         GROUP BY  category_id
         ) p
WHERE  count_of_product >= 5
```

FROM절 서브쿼리 실행 결과

CATEGORY_ID	COUNT_OF_PRODUCT
c01	5
c02	2

쿼리문(7.2.2)을 바탕으로 FROM절에 괄호로 묶인 서브쿼리를 확인할 수 있습니다. 먼저 서브쿼리 부분만 살펴보면 PRODUCT_INFO 테이블에서(FROM절) category_id 칼럼이 같은 것끼리 그룹화해 (GROUP BY절) product_id 칼럼의 데이터 개수를 세어줌(SELECT절)입니다.

FROM절 서브쿼리 실행 결과를 category_id 칼럼과 count_of_product 칼럼이 모두 있는 하나의 임시 테이블(테이블명 TEMP)로 본다면 다음과 같이 쿼리문을 간소화하여 생각할 수 있습니다(실제 TEMP 테이블이 생성된 것은 아니며, 서브쿼리를 간소화하여 쿼리 이해를 돕기 위해 작성한 것입니다).

쿼리 7.2.3

```
SELECT  *
FROM    temp
WHERE   count_of_product >= 5
```

CATEGORY_ID	COUNT_OF_PRODUCT
c01	5

쿼리문(7.2.2)을 바탕으로 서브쿼리 결과 테이블에서 count_of_product 칼럼의 값이 5 이상인 행만 필터링 되어 결과가 출력됐음을 확인할 수 있습니다. 이처럼 FROM절 서브쿼리는 하나의 임시 테이블로 사용되어 실무에서도 1차 가공한 결과물을 FROM절에 서브쿼리로 사용하고 이를 2차로 가공해 쿼리문을 작성하는 경우가 많습니다.

04. WHERE절 서브쿼리

데이터 7.2.1

WHERE절에 사용되는 서브쿼리의 경우 서브쿼리 결괏값이 조건식의 특정 값 기능을 하기 때문에 WHERE절에 작성되는 연산자에 따라 서브쿼리의 결괏값이 단일행 혹은 다중행 등으로 출력됩니다.

WHERE절 서브쿼리의 사용 방법은 간단합니다. WHERE절 연산자에 괄호를 사용해 SELECT문을 작성하면 됩니다.

사용 방법

```
SELECT      칼럼1
            , 칼럼2
            , ...
FROM        A
WHERE       칼럼1 연산자 (SELECT 칼럼3 FROM B)
GROUP BY    ...
HAVING      ...
ORDER BY    ...
```

WHERE절 서브쿼리에 대한 사용 방법을 확인했다면 실제 어떻게 사용되고 있는지 살펴보겠습니다.

PRODUCT_INFO 테이블에서 가전제품 카테고리만 출력하고 싶다면 다음과 같이 쿼리문을 작성할 수 있습니다.

쿼리 7.2.4

▶ 단일행 서브쿼리 예 : 하나의 값(하나의 행, 열)을 반환

```
SELECT *
FROM   product_info
WHERE  category_id = (SELECT category_id
                           FROM category_info
                      WHERE category_name = '가전제품')
```

WHERE절 서브쿼리 실행 결과

CATEGORY_ID
c01

쿼리문(7.2.4)을 바탕으로 WHERE절에 괄호로 묶인 서브쿼리를 확인할 수 있습니다. 먼저 서브쿼리 부분만 살펴보면 CATEGORY_INFO 테이블에서(FROM절) category_name 칼럼의 '가전제품'만 필터링해(WHERE절) category_id 칼럼의 값으로 출력해줘(SELECT절)입니다.

WHERE절 서브쿼리의 실행 결과는 메인쿼리 WHERE절의 조건식이 되어 다음과 같이 쿼리문을 간소화하여 생각할 수 있습니다.

쿼리 7.2.5

```
SELECT *
FROM   product_info
WHERE  category_id = 'c01'
```

PRODUCT _ID	PRODUCT _NAME	CATEGORY _ID	PRICE	DISPLAY _STSTUS	REGISTER _DATE
p001	A노트북 14inch	c01	1500000	전시중	2022-10-02
p002	B노트북 16inch	c01	2000000	전시중지	2022-11-30
p003	C노트북 16inch	c01	3000000	전시중	2023-03-11
p004	D세탁기	c01	1500000	전시중	2021-08-08
p005	E건조기	c01	1800000	전시중	2022-08-09

쿼리문(7.2.4)을 바탕으로 PRODUCT_INFO 테이블의 category_id 칼럼이 가전제품에 해당하는 'c01' 행만 필터링 되어 출력됐음을 확인할 수 있습니다.

주의해야 하는 부분은 WHERE절의 비교연산자 부등호 '='는 단일 값을 받는 연산자이므로 WHERE 절에 서브쿼리를 작성할 때 서브쿼리의 결괏값이 단일한 하나의 값이 출력되어야 합니다.

이번에는 PRODUCT_INFO 테이블에서 event_id 칼럼의 e2에 포함된 제품의 정보만 출력하고 싶다면 다음과 같이 쿼리문을 작성할 수 있습니다.

쿼리 7.2.6

▶ 다중행 서브쿼리 예 : 하나의 열에 하나 이상의 행을 반환

```
SELECT  *
FROM    product_info
WHERE   product_id IN (SELECT product_id
                       FROM   event_info
                       WHERE  event_id = 'e2')
```

WHERE절 서브쿼리 실행 결과

PRODUCT_ID
p003
p004
p005

쿼리문(7.2.6)을 바탕으로 WHERE절에 괄호로 묶인 서브쿼리를 확인할 수 있습니다. 먼저 서브쿼리 부분만 살펴보면 EVENT_INFO 테이블에서(FROM절) event_info 칼럼의 'e2'만 필터링해(WHERE절) category_id 칼럼의 값으로 출력해줘(SELECT절)입니다.

WHERE절의 서브쿼리 실행 결과는 다음과 같이 쿼리문을 간소화하여 생각할 수 있습니다.

쿼리 7.2.7

```
SELECT  *
FROM    product_info
WHERE   category_id IN ('p003','p004','p005')
```

실행 결과 7.2.7

PRODUCT _ID	PRODUCT _NAME	CATEGORY_ ID	PRICE	DISPLAY _STSTUS	REGISTER _DATE
p003	C노트북 16inch	c01	3000000	전시중	2023-03-11
p004	D세탁기	c01	1500000	전시중	2021-08-08
p005	E건조기	c01	1800000	전시중	2022-08-09

쿼리문(7.2.6)을 바탕으로 PRODUCT_INFO 테이블에서 product id 칼럼의 값 'p003', 'p004', 'p005'에 해당하는 값을 category_id 칼럼에서 필터링해 결과가 행만 출력됐음을 알 수 있습니다.

IN 연산자는 다수의 값을 받는 비교연산자이므로 이 연산자를 WHERE절 서브쿼리에 작성해 서브쿼리 결괏값이 1개가 아닌 그 이상의 값이 출력되어도 괜찮습니다.

서브쿼리가 길어서, 너무 복잡해요. 어떻게 하면 쉽게 확인할 수 있을까요?

■ **줄바꿈과 들여쓰기를 하지 않은 예**

```
SELECT * FROM (SELECT * FROM 테이블A WHERE 칼럼1 IN ( SELECT 칼럼2 FROM B ) ) A
WHERE  칼럼3 = (SELECT 칼럼4 FROM C)
```

■ **적절한 줄바꿈과 들여쓰기를 한 예**

```
SELECT *
FROM  (
          SELECT *
           FROM A
          WHERE 칼럼1 IN (
                              SELECT  칼럼2
                                FROM  B
                              )
              ) A
WHERE  칼럼3 = (SELECT 칼럼4 FROM C)
```

---

❶ 작성 "줄바꿈과 들여쓰기를 통해 가독성을 높여보세요"

SQL은 쿼리문에 줄바꿈과 들여쓰기를 해도 실행 결과가 달라지거나 오류가 발생하지 않습니다. 그래서 가독성을 위해 적절한 줄바꿈을 해주는 게 좋습니다. 간단한 줄바꿈만 해줘도 SELECT절, FROM절, WHERE절을 한눈에 파악할 수 있으며 서브쿼리가 작성된 절도 쉽게 확인할 수 있습니다.

❷ 독해 "서브쿼리의 중간 결과물을 확인해보세요"

서브쿼리가 FROM절에 작성되었다면 서브쿼리를 실행해 출력된 결괏값이 하나의 테이블 역할을 합니다. 서브쿼리가 너무 많아 잘 이해되지 않는다면 해당 부분만 실행해 테이블 혹은 필터링의 조건값으로 이해해 보세요.

테이블의 결합

SQL의 핵심이라고 할 수 있는 쿼리 학습을 끝냈다면 이번 챕터에서는 관계형 데이터베이스 및 테이블 간의 관계를 살펴보고 실무에서는 무엇을 기준으로 테이블 결합을 시도하는지에 대해서도 알아봅니다.

01 테이블 + 테이블

테이블을 나누는 이유와 2개 이상의 테이블을 결합하는 방법에 대해서 알아봅니다.

01. 테이블 결합의 필요성

SQL은 효율적인 데이터 관리를 위해 테이블 단위로 데이터를 분리해 놓아 원하는 결과값을 출력하려면 부득이 테이블 결합이 발생합니다. 그렇다면 왜 데이터를 분리해야 효율적인 관리가 가능할까요? 카페의 주문 데이터를 예로 들어보겠습니다.

만약 A 카페에 커피 주문이 들어올 때마다 상품명으로 데이터가 쌓인다면 아메리카노 100잔의 주문이 발생했을 시 데이터에는 '아메리카노'가 100번 입력되어 쌓입니다. 데이터의 양은 저장 공간과 연결되고 저장 공간은 곧 비용과 직결되기에 상품명에 대한 데이터 저장으로 큰 금액의 비용을 지불할 수도 있습니다. 또한, 데이터 용량이 무거워진 탓에 데이터 조회 기능도 저하됩니다.

주문일자	주문 상품명	주문수량
2023-10-05	아이스 아메리카노(M size)	1
2023-10-10	아이스 아메리카노(M size)	1
2023-10-15	아이스 아메리카노(L size)	3
2023-10-15	아이스 녹차라떼(L size)	1
2023-10-30	아이스 녹차라떼(L size)	1
⋮	⋮	⋮

그래서 이러한 문제를 해결하기 위해 상품을 코드화한 상품 ID를 주문 내역에 입력하고 상품명은 상품 테이블로 분리해 상품별로 하나씩 정보가 적재되도록 관리합니다. 이는 데이터의 양뿐만 아니라 정합성 등 데이터 관리 측면에서도 효율적입니다.

▶ 주문 테이블

주문일자	주문 상품 ID	주문수량
2023-10-05	C01	1
2023-10-10	C01	1
2023-10-15	C02	3
2023-10-15	N01	1
2023-10-30	N01	1

찾아가서 상품명 확인

▶ 상품 테이블

상품 ID	상품명
C01	아이스 아메리카노(M size)
C02	아이스 아메리카노(L size)
N01	아이스 녹차라떼(L size)

주문 테이블과 상품 테이블이 나누어진 환경에서 주문 일자별 주문 수량 데이터를 출력하고 싶다면 주문 테이블을 조회하면 되는데 만약 주문한 상품의 상품명도 함께 출력하고 싶다면 이때는 주문 테이블과 상품 테이블의 결합이 필요하고 이런 결합과 관련해 데이터 환경을 전문적으로 바라보는 ERD와 RDB라는 개념이 등장합니다.

RDB(Relational DataBase)

RDB는 Relational DataBase의 줄임말로 '관계형 데이터베이스'라는 뜻입니다. 테이블 간에는 서로 관계가 있으며 언제든지 결합할 수 있다는 의미로 우리가 배우고 있는 SQL 역시 많은 데이터 중에서도 RDB를 다루는 언어입니다.

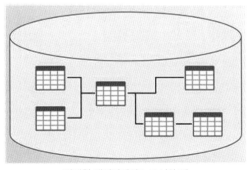

관계형 데이터베이스 도식화 예

ERD(Entity-Relationship Diagram)

ERD는 Entity-Relationship Diagram의 줄임말로 '개체-관계 모델'을 뜻합니다. 이는 테이블 간의 관계를 설명해 주는 다이어그램이란 의미로 각 단어가 완벽히 동치되는 개념은 아니지만 Entity(엔터티)는 테이블, Relationship(관계)은 테이블 관계, Diagram(모델)은 점과 선으로 구성된 테이블 간의 구조를 시각화한 자료입니다.

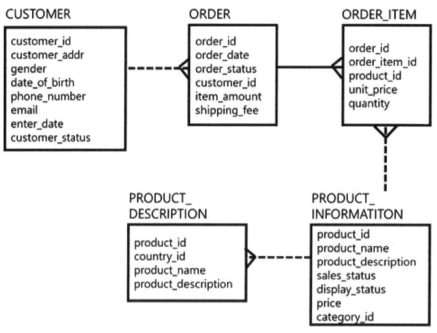

개체-관계 모델 도식화 예

본문의 이미지는 ERD의 한 예로 사각 도형 각각은 하나의 테이블을 의미하며 CUSTOMER, ORDER, ORDER_ITEM, PRODUCT_INFORMATION, PRODUCT_DESCRIPTION의 다섯 개 테이블이 있음을 확인할 수 있고 선(실선, 점선)을 통해 이들 사이가 서로 연결되어 있다는 것도 알 수 있습니다.

ORDER 테이블의 주문 건에 상품명(product_name)을 알고 싶다면 주문 정보를 담고 있는 ORDER 테이블과 제품 정보를 담고 있는 PRODUCT_INFORMATION 테이블을 결합해야 합니다. 하지만 이 두 테이블은 직접적으로 연결되어 있지 않아 바로 연결할 수 없습니다. 이들을 연결하기 위해서는 ORDER 테이블에서 ORDER_ITEM을 잇고 ORDER_ITEM에서 다시 PRODUCT_INFORMATION 테이블을 연결해야 합니다. 연결할 때는 특정 칼럼의 값을 조건으로 연결하게 되는데 보통은 칼럼명에 ID라고 붙여진 칼럼들과 매칭되어 연결됩니다. 테이블 결합과 관련한 상세한 설명은 이어지는 바로 뒤 페이지의 JOIN에서 더 자세히 다루겠습니다.

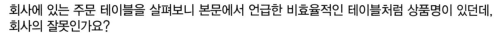

회사에 있는 주문 테이블을 살펴보니 본문에서 언급한 비효율적인 테이블처럼 상품명이 있던데, 회사의 잘못인가요?

데이터 하나만으로 회사의 데이터가 비효율적이라고 단정할 순 없습니다. 만약 회사에서 주문 테이블에 상품명을 작성하고 있다면 주문 테이블을 조회할 때 상품명을 조회하는 경우가 빈번하기 때문에 타 테이블(상품 테이블)과 결합하여 상품명을 찾는 것보다 주문 테이블에 적재하여 하나의 테이블에서 주문 내역과 주문 상품명을 조회할 수 있게 하는 것이 효율적이라고 판단했을 가능성이 큽니다.

데이터는 주제나 기능에 따라 '적절한' 양을 테이블 단위로 분리해 관리하는 것이 좋습니다. 여기서 방점을 둘 부분은 '적절함'입니다. 모든 데이터가 한곳에 있는 것도 좋지 않고, 그렇다고 너무 작은 단위로 여러 테이블로 나뉘는 것도 좋지 않다는 뜻입니다.

만약 모든 데이터를 한곳에 둔다면 데이터 중복 등으로 인해 데이터 정합성 및 비용 등의 이슈가 발생할 수 있습니다. 또 모든 데이터를 아주 작게 수많은 테이블로 나누면 이는 복잡성과 조회 성능 저하 등의 문제가 야기될 수 있습니다. 무엇이든 적절하게 잘 분배하는 것이 중요합니다.

JOIN : 테이블 옆으로 붙이기

두 개의 테이블을 서로 엮어 하나의 결괏값을 출력하는 JOIN에 대해 알아봅니다.

01. JOIN이란?

JOIN은 다른 테이블을 결합하기 위해 작성합니다. 엑셀의 VLOOKUP 함수와 비슷한 개념으로 차이가 있다면 VLOOKUP 함수는 기준이 되는 데이터에 하나의 열 단위로 데이터가 와서 결합하고 JOIN은 열이 아니라 테이블 전체가 와서 결합하며 한쪽을 기준으로 결합할 수도 있고 양쪽을 기준으로 결합할 수도 있다는 점이 다릅니다.

사용 방법

```
SELECT       *                                      ⇨ 조회할 칼럼명
FROM         A AS A테이블 별칭                        ⇨ 결합할 테이블명 ❶
JOIN         B AS B테이블 별칭                        ⇨ 결합할 테이블명 ❷
ON           A테이블 별칭.칼럼 = B테이블 별칭.칼럼
```

JOIN은 테이블 결합으로 SELECT문의 FROM절과 연결해 작성합니다. 그리고 이 두 개의 테이블은 결합 시 어떤 조건으로 결합할지에 대한 조건을 ON절에 작성합니다. JOIN의 사용 방법을 확인했다면 테이블 결합 방식에 따라 나뉘는 JOIN의 종류에 대해 살펴보겠습니다.

테이블은 테이블 별칭을 사용하세요.

실무에서는 보통 테이블명을 작성할 때 테이블명 끝에 한 칸 띄어쓰기 후 AS 테이블 별칭을 작성해 줍니다. 보통 알파벳으로 테이블의 별칭을 작성하며, AS는 생략될 수도 있습니다. 별칭을 사용하는 이유는 특정 테이블의 칼럼명을 나타낼 때 별칭이 테이블명 전체를 대신해 주기 때문입니다. 특히 JOIN에서 어떤 테이블의 칼럼 값을 가져온 것인지 표현할 때 유용하게 사용됩니다.

02. JOIN 종류

JOIN은 테이블을 결합하는 방식에 따라 다음과 같이 네 가지 종류로 나눌 수 있습니다.

LEFT JOIN '왼쪽'을 기준으로 테이블을 결합하는 것	OUTER JOIN '양쪽'을 기준으로 테이블을 결합하는 것
RIGHT JOIN '오른쪽'을 기준으로 테이블을 결합하는 것	INNER JOIN '양쪽 공통'을 기준으로 테이블을 결합하는 것

LEFT JOIN은 '왼쪽'에 있는 테이블이 기준이 되어 고정된 채 오른쪽 테이블을 가져와 결합하는 구조입니다.

RIGHT JOIN은 반대로 '오른쪽'에 있는 테이블이 기준이 되어 고정된 채 왼쪽에 있는 테이블을 가져와 결합하는 구조입니다.

OUTER JOIN은 '양쪽'에 있는 테이블을 참조해 전체 테이블을 보여줍니다. 집합으로 표현하면 '합집합'이라고 볼 수 있습니다.

INNER JOIN은 OUTER JOIN과 유사하게 '양쪽'에 있는 테이블을 참조하지만, 전체가 아닌 두 테이블의 공통적인 부분만 보여주는 구조입니다. 집합으로 표현하면 '교집합'이라고 볼 수 있습니다.

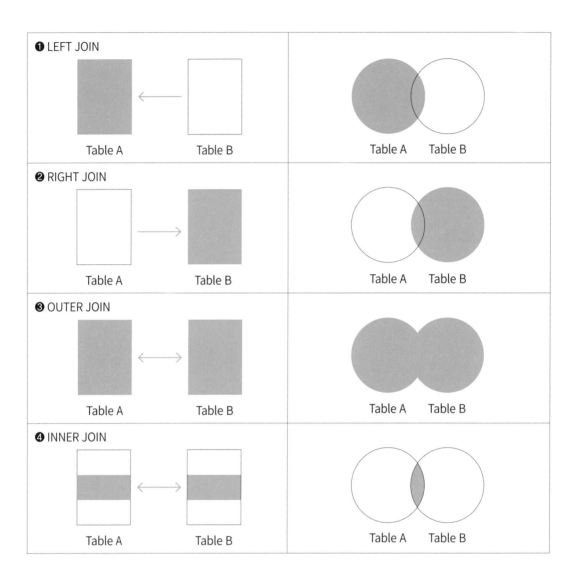

❶ LEFT JOIN

Table A   Table B

Table A   Table B

❷ RIGHT JOIN

Table A   Table B

Table A   Table B

❸ OUTER JOIN

Table A   Table B

Table A   Table B

❹ INNER JOIN

Table A   Table B

Table A   Table B

03. JOIN 종류에 따른 사용 방법

JOIN의 개념과 종류에 대해 확실히 이해했다면 이제 JOIN의 종류별 사용 방법을 알아보겠습니다. 단, JOIN은 JOIN 종류와 상관없이 공통적으로 TableA의 ID 칼럼의 값과 TableB의 ID 칼럼의 값이 같을 때 JOIN을 진행한다고 가정합니다(ON A.ID = B.ID).

데이터 8.2.1

▶ TableA

ID	성별
1	M
2	F
3	F

▶ TableB

ID	성별	직급
2	1234	A
3	4444	B
4	3333	C

먼저 LEFT JOIN입니다. 왼쪽의 TableA는 고정된 채 오른쪽의 TableB를 가져와 결합합니다. 이때 TableA의 ID=1 행처럼 왼쪽 테이블에만 있고 오른쪽 테이블에는 없는 값이라면 결합할 데이터가 없기 때문에 TableB에 NULL값으로 출력됩니다. 반대로 TableB의 ID=4 행처럼 오른쪽 테이블에만 있고 왼쪽 테이블에는 없는 값이라면 결합할 곳이 없어 탈락돼 데이터가 아예 출력되지 않습니다. 쿼리문으로 작성하면 다음과 같습니다.

쿼리 8.2.1

```
SELECT  *
FROM    TableA A
LEFT
JOIN    TableB B
  ON    A.ID = B.ID
```

실행 결과 8.2.1

LEFT JOIN

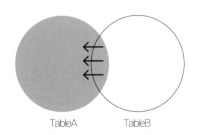

TableA   TableB

❶ 왼쪽에 있는
이 테이블은 고정된 채

❷ 오른쪽에 있는
테이블을 가져와 결합

ID	성별	ID	전화번호	직급
1	M	NULL	NULL	NULL
2	F	2	1234	A
3	F	3	4444	B

쿼리문(8.2.1)을 바탕으로 TableA는 왼쪽에 고정된 채 TableB가 결합된 LEFT JOIN의 결과를 확인할 수 있습니다. 이때 ON절의 결합 기준은 A.ID=B.ID로 TableA의 ID 칼럼과 TableB의 ID 칼럼이 동일할 때 결합한다는 걸 확인할 수 있습니다. 기본적으로 FROM절에 작성된 테이블이 왼쪽의 기준이라고 생각하면 됩니다.

이번에는 RIGHT JOIN입니다. 오른쪽의 TableB는 고정된 채 왼쪽의 TableA를 가져와 결합합니다. 이때 TableB의 ID=4 행처럼 오른쪽 테이블에만 있고 왼쪽 테이블에 값이 없다면 결합할 데이터가 없기 때문에 TableA에는 NULL값으로 출력됩니다. 반대로 TableA의 ID=1 행처럼 왼쪽 테이블에만 있고 오른쪽 테이블에 없는 값이라면 결합할 곳이 없어 탈락돼 데이터가 출력되지 않습니다. 쿼리문으로 작성하면 다음과 같습니다.

쿼리 8.2.2

```
SELECT *
FROM    TableA A
RIGHT
JOIN    TableB B
  ON    A.ID = B.ID
```

실행 결과 8.2.2

RIGHT JOIN

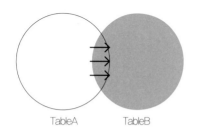

❷ 왼쪽에 있는
테이블을 가져와 결합

❶ 오른쪽에 있는 이
테이블은 고정된 채

ID	성별	ID	전화번호	직급
2	F	2	1234	A
3	F	3	4444	B
NULL	NULL	4	3333	C

쿼리문(8.2.2)을 바탕으로 TableB는 오른쪽에 고정된 채 TableA가 결합된 RIGHT JOIN의 결과를 확인할 수 있습니다. 이때 ON절의 결합 기준은 A.ID=B.ID로 TableA의 ID 칼럼과 TableB의 ID 칼럼이

＊ 실제로 테이블이 물리적으로 왼쪽에 위치하는 것은 아닙니다. 이해를 돕기 위한 설명으로 나머지 JOIN의 종류도 같습니다.

동일할 때 결합한다는 걸 확인할 수 있습니다.

다음 OUTER JOIN입니다. TableA와 TableB의 양쪽 테이블을 모두 가져와 결합합니다. 이때 양쪽 테이블에 합치되는 값이 없으면 NULL값으로 출력되며 쿼리문으로 작성하면 다음과 같습니다.

쿼리 8.2.3

```
SELECT  *
FROM    TableA A
OUTER

JOIN    TableB B
  ON    A.ID = B.ID


* MS-SQL에서는 OUTER JOIN을 FULL OUTER JOIN이라고도 표기합니다.
```

실행 결과 8.2.3

OUTER JOIN

서로 누락되는 행없이
모두 결합

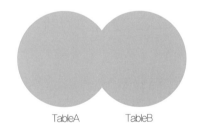

ID	성별	ID	전화번호	직급
1	M	NULL	NULL	NULL
2	F	2	1234	A
3	F	3	4444	B
NULL	NULL	4	3333	C

TableA   TableB

쿼리문(8.2.3)을 바탕으로 왼쪽 TableA와 오른쪽 TableB의 양쪽 테이블이 모두 결합된 OUTER JOIN의 결과를 확인할 수 있습니다. OUTER JOIN은 MS-SQL에서는 FULL OUTER JOIN으로도 표기하는점 참고해 주세요.

마지막으로 INNER JOIN입니다. TableA와 TableB의 양쪽 테이블을 결합해 공통의 값만 출력합니다. 이때 양쪽 테이블에 합치되는 값이 없다면 데이터가 탈락되어 출력되지 않습니다. 쿼리문으로 작성하면 다음과 같습니다.

```
SELECT *
FROM   TableA A
INNER
JOIN   TableB B
  ON   A.ID = B.ID


* INNER JOIN은 INNER를 생략하고 사용할 수도 있습니다.
```

실행 결과 8.2.4

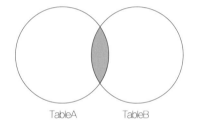

INNER JOIN

서로 공통되는 행만
남는 결합

ID	성별	ID	전화번호	직급
2	F	2	1234	A
3	F	3	4444	B

TableA   TableB

쿼리문(8.2.4)을 바탕으로 왼쪽 TableA와 오른쪽 TableB의 양쪽 테이블이 결합된 후 공통의 값만 출력된 INNER JOIN의 결과를 확인할 수 있습니다. 이때 INNER JOIN은 INNER를 생략하고 사용할 수도 있는점 참고해 주세요. 이상 JOIN의 종류별 사용 방법을 모두 확인했다면 실제 어떻게 사용되고 있는지 살펴보겠습니다.

 꿀팁

LEFT JOIN과 RIGHT JOIN, 이것만 기억하세요!

LEFT JOIN과 RIGHT JOIN은 어느 한쪽을 기준으로 정해 테이블을 결합한다는 공통점이 있습니다. 차이점이 있다면 오른쪽을 기준으로 할지 왼쪽을 기준으로 할지에 대한 방향 차이뿐입니다. 혹시나 네 가지의 JOIN을 모두 완벽하게 기억하기 어렵다면 실무 데이터 분석 시 LEFT JOIN을 중점적으로 사용하는 경우가 많기 때문에 LEFT JOIN만이라도 정확히 암기하는 걸 추천합니다.

04. JOIN 실습

데이터 7.2.1

PRODUCT_INFO 테이블에서 특정 제품의 카테고리를 확인하고 싶다면 CATEGORY_INFO 테이블을 함께 참고해 다음과 같이 쿼리문을 작성할 수 있습니다.

쿼리 8.2.5

```
SELECT  *
FROM    product_info pi
LEFT
JOIN    category_info ci
  ON    pi.category_id = ci.category_id
```

실행 결과 8.2.5

PRODUCT _ID	PRODUCT _NAME	CATEGORY _ID	PRICE	DISPLAY _STATUS	REGISTER _DATE	CATEGORY _ID	CATEGORY _NAME
p001	A노트북 14inch	c01	1500000	전시중	2022-10-02	c01	가전제품
p002	B노트북 16inch	c01	2000000	전시중지	2022-11-30	c01	가전제품
p003	C노트북 16inch	c01	3000000	전시중	2023-03-11	c01	가전제품
p004	D세탁기	c01	1500000	전시중	2021-08-08	c01	가전제품
p005	E건조기	c01	1800000	전시중	2022-08-09	c01	가전제품
p006	핸드폰케이스	c02	21000	전시중	2023-04-03	c02	액세서리
p007	노트북 액정보호필름	c02	15400	전시중	2023-04-03	c02	액세서리

SELECT절부터 순서대로 작성한 쿼리문을 SQL의 처리 순서대로 해석하면 ❶ PRODUCT_INFO 테이블을 조회한 후(FROM절) ❷ PRODUCT_INFO(별칭 pi) 테이블을 고정한 채 CATEGORY_INFO(별칭 ci) 테이블을 가져오고(LEFT JOIN절) ❸ pi의 category_id 칼럼 값과 ci의 category_id 칼럼 값이 같을 때 결합하는 것을 기준으로 결합하여(ON절) ❹ 원하는 칼럼을 조회해줘(SELECT절)입니다.

쿼리문(8.2.5)을 바탕으로 PRODUCT_INFO 테이블에 CATEGORY_INFO 테이블이 LEFT JOIN된 결과를 확인할 수 있습니다.

알아두면 유용한 JOIN의 종류

- **부가적인 데이터가 필요하다면?**

→ LEFT JOIN (혹은 RIGHT JOIN)

쿼리(8.2.5)의 예시처럼 부가적인 데이터가 필요하다면 한쪽 테이블을 기준으로 다른 테이블이 결합하는 구조인 LEFT JOIN, RIGHT JOIN을 주로 사용합니다.

- **여러 테이블에서 공통된 데이터가 필요하다면?**

→ INNER JOIN

예를 들어 A 이벤트와 B 이벤트에 모두 참여한 고객 데이터를 출력하고 싶다면 두 이벤트 참여자 중 공통된 데이터를 출력해야 하기에 INNER JOIN을 사용합니다.

03

UNION : 테이블 아래로 붙이기

둘 이상의 테이블에서 데이터를 단일 테이블로 통합하는 UNION 연산자에 대해 알아봅니다.

01. UNION 연산자란?

데이터 8.3.1

UNION 연산자는 둘 이상의 테이블을 단일 테이블로 데이터를 통합하기 위해 작성하는 연산자입니다. 테이블 결합 시 아래 방향으로 결합한다는 게 JOIN과의 큰 차이점이며 중복행 처리 방법에 따라 UNION과 UNION ALL의 연산자로 나눕니다. 먼저 UNION 연산자는 SELECT문 결괏값의 중복을 모두 제거해 출력하고 UNION ALL 연산자는 중복을 제거하지 않은 채 그대로 출력합니다.

사용 방법

SELECT		➲ 조회할 칼럼명
FROM	A AS A테이블 별칭	➲ 조회할 테이블명
UNION		➲ 테이블 통합 연산자
SELECT		➲ 조회할 칼럼명
FROM	B AS B테이블 별칭	➲ 조회할 테이블명

UNION 연산자의 사용 방법은 간단합니다. 단일 테이블로 통합을 원하는 칼럼명과 테이블명을 SELECT절과 FROM절에 작성한 후 테이블 통합을 도와주는 UNION 연산자를 사용해 다음 SELECT문을 작성합니다. UNION 연산자 작성 시 유의해야 할 점은 서로 다른 SELECT문이라고 해도 테이블의 최종 칼럼의 개수와 데이터 타입은 일치해야 합니다. 만약 SELECT문의 칼럼 개수가 하나는 4개 다른 하나는 3개라면 서로 일치하지 않아 실행 결과에 오류가 발생합니다.

＊ UNION 연산자의 데이터는 QR 코드 및 SD에듀 홈페이지의 자료실에서 확인할 수 있습니다.

UNION ALL(중복포함)

SELECT '1' AS 칼럼1

UNION ALL

SELECT '1'

UNION ALL

SELECT '2'

칼럼1
1
1
2

UNION (중복제거)

SELECT '1' AS 칼럼1

UNION

SELECT '1'

UNION

SELECT '2'

칼럼1
1
2

UNION 연산자의 사용 방법을 확인했다면 실제 어떻게 사용되고 있는지 살펴보겠습니다.

기업의 매출 이력 데이터가 sales_2022, sales_2023처럼 연도별로 나뉘어 있을 때 2022년과 2023년의 매출을 한꺼번에 출력해 분석하고 싶다면 2022년 데이터와 2023년 데이터를 UNION ALL로 묶어서 하나의 테이블로 병합할 수 있으며 쿼리문은 다음과 같이 작성합니다.

쿼리 8.3.1

```
SELECT    *
FROM      (
          SELECT  *
            FROM  sales_2022
          UNION ALL
          SELECT  *
            FROM  sales_2023
          ) a
```

ORDER_ID	ORDER_DATE	ORDER_AMOUNT	
or0001	2022-10-01	100000	
or0002	2022-10-03	100000	SALES_2022 테이블의 데이터
or0003	2022-10-03	100000	
or0004	2022-12-23	120000	
or0005	2023-05-01	50000	
or0006	2023-07-31	70000	SALES_2023 테이블의 데이터
or0007	2023-12-31	120000	

 궁금해요

UNION 연산자는 언제 사용하나요?

UNION 연산자는 단일 테이블로 데이터를 통합하기 위해 작성하는 연산자로 보통 FROM절 이후 UNION 연산자를 사용해 결합할 다음 SELECT문을 작성합니다. 매출 데이터 외에도 지역별로 나뉜 데이터를 전국 단위로 묶어 분석하고 싶을 때 UNION 연산자가 유용하게 활용됩니다.

학습 키워드

#실무분석 #판매트렌드분석 #이벤트효과분석 #CRM고객타겟팅

#구매패턴분석 #베스트셀링상품분석 #장바구니분석 #재구매 #구매주기

SQL 실무활용

데이터 분석은 SQL의 문법을 공부했다고 실무에 완벽하게 적용할 수 있는 게 아닙니다. 복잡한 데이터일수록 어떤 로직으로 쿼리문을 작성해야 하는지 생각하고 고민하는 시간이 필요합니다. 이번 챕터에서는 데이터 분석을 위한 로직에 대해 생각하는 방법을 알아보고 앞에서 학습한 SQL 쿼리를 활용해 데이터 실습을 진행합니다.

실습 데이터

데이터 분석을 위한 로직에 대해 생각하는 시간을 갖고 앞에서 학습한 SQL 문법을 활용해 실습을 진행합니다.

01. 실습 데이터 소개

실무 활용에 사용할 실습 데이터는 총 두 가지입니다. 실무에서 가장 자주 마주하게 될 '매출 데이터'와 '고객 데이터'로 실습을 진행해보겠습니다.

매출 데이터

▶ 테이블명 : SALES

▶ 테이블 설명 : 매출 데이터는 e-commerce에서 발생한 글로벌 매출에 대한 데이터로 invoiceno 칼럼은 주문이 발생할 때마다 유일한 값을 갖고 하나의 주문에 다양한 상품 주문이 발생하면 상품별로 데이터가 생성돼 적재됩니다. 예를 들어 A라는 하나의 주문에 세 개의 상품 주문이 들어오면 'A 주문에 a 상품을 구매했다. A 주문에 b 상품을 구매했다. A 주문에 c 상품을 구매했다'처럼 각각의 데이터가 쌓이는 구조입니다.

▶ 칼럼(항목) 및 데이터형식

칼럼명(항목명)	데이터 형식	설명
invoiceno	varchar(50)	주문 ID
stockcode	varchar(50)	제품 ID
description	varchar(50)	제품명
quantity	int	구매 수량
invoicedate	date	구매일자
unitprice	decimal(38,2)	상품 1개당 가격(달러 기준)
customerid	varchar(50)	구매 고객 ID
country	varchar(50)	국가명

SALES 테이블의 가격 기준은 달러이며 데이터 형식 중 varchar는 문자 타입으로 괄호 안의 숫자는 공간이라고 생각해 주세요. 예를 들어 varchar(10)은 '데이터가 들어가기 위한 공간이 최대 10이다'라는 의미이며 date는 날짜, int는 소수점이 없는 정수의 숫자 타입을 의미합니다. decimal은 수치 타입으로 괄호의 '38,2'의 의미는 38은 전체 자릿수, 2는 소수점 두 번째 자리까지 출력한다는 의미입니다.

▶ 데이터 미리보기

Ivoice No	Stock Code	Description	Quantity	Invoice Date	Unit Prince	Customer ID	Country
538683	84946	ANTIQUE SILVER TEA GLASS ETCHED	12	2010-12-13	1.25	14525	United Kingdom
538683	22294	HEART FILIGREE DOVE SMALL	24	2010-12-13	1.25	14525	United Kingdom
538683	22297	HEART IVORY TRELLIS SMALL	24	2010-12-13	1.25	14525	United Kingdom
538683	22792	FLUTED ANTIQUE CANDLE HOLDER	12	2010-12-13	0.85	14525	United Kingdom
538683	84949	SILVER HANGING T-LIGHT HOLDER	18	2010-12-13	1.65	14525	United Kingdom
538683	21326	AGED GLASS SILVER T-LIGHT HOLDER	12	2010-12-13	0.65	14525	United Kingdom
538683	21385	IVORY HANGING DECORATION HEART	24	2010-12-13	0.85	14525	United Kingdom
538683	85123A	WHITE HANGING HEART T-LIGHT HOLDER	96	2010-12-13	2.55	14525	United Kingdom
538683	22155	STAR DECORATION RUSTIC	48	2010-12-13	0.42	14525	United Kingdom
538683	84947	ANTIQUE SILVER TEA GLASS ENGRAVED	6	2010-12-13	1.25	14525	United Kingdom
C538684	21258	VICTORIAN SEWING BOX LARGE	-1	2010-12-14	12.75	16161	United Kingdom

고객 데이터

▶ 테이블명 : CUSTOMER

▶ 테이블 설명 : 고객 데이터는 쇼핑몰의 고객들에 대한 정보 데이터로 고객이 회원가입을 완료하면 해당 테이블에 한 줄씩 데이터가 쌓이는 구조입니다. 따라서 데이터 한 줄은 곧 고객 1명을 의미한다고 볼 수 있습니다.

▶ 칼럼(항목) 및 데이터형식

칼럼명(항목명)	데이터 형식	설명
mem_no	varchar(10)	고객 ID
last_name	varchar(10)	고객 이름 중 성
first_name	varchar(10)	고객 이름 중 이름
gd	varchar(1)	성별
birth_dt	date	생년월일
entr_dt	date	가입일자
grade	varchar(10)	고객 등급
sign_up_ch	varchar(10)	가입 채널

데이터 형식을 살펴보면 varchar는 문자 타입으로 괄호 안의 숫자는 공간을 의미하며 date는 날짜, int는 소수점이 없는 정수의 숫자 타입을 의미합니다.

▶ 데이터 미리보기

	mem_no	last_name	first_name	gd	birth_dt	entr_dt	grade	sign_up_ch
1	18466	정	하성	M	1988-03-11	2011-01-01	VVIP	01
2	18798	정	호정	F	1990-02-28	2013-03-09	VVIP	01
3	18434	황	성연	F	1971-04-04	2011-09-12	VIP	03
4	18772	홍	경빈	F	1971-07-06	2012-08-18	VIP	03
5	18326	조	우준	M	1972-05-08	2011-05-26	VIP	01
6	18743	홍	이서	M	1972-10-19	2013-10-06	VIP	03

7	18785	차	서하	M	1973-05-12	2011-05-22	VIP	01
8	18786	주	찬빈	M	1974-01-29	2012-06-20	VIP	03
9	18782	조	현영	F	1974-04-28	2011-06-15	VIP	03
10	18682	조	나림	F	1975-01-08	2013-08-10	VIP	07
11	18314	하	영민	M	1975-01-16	2011-11-06	VIP	07
12	18711	조	재경	F	1976-08-23	2013-12-27	VIP	03
13	18438	황	아인	M	1977-03-12	2011-12-21	VIP	01

다양한 실습 데이터를 원한다면?

실무활용 학습을 모두 완료한 후 관심 있는 산업의 다양한 데이터를 좀 더 분석하고 싶다면 [Appendix]에서 소개하는 SQL 데이터 무료 다운로드 웹사이트를 참고해 주세요.

02. 실습 데이터 업로드

실습에 사용할 데이터를 MS-SQL에 업로드하겠습니다. 다음 과정을 따라 SALES 테이블과 CUSTOMER 테이블을 모두 업로드해 주세요.

step **01** 개체 탐색기의 데이터베이스명에 마우스 오른쪽 버튼 클릭 – [태스크] – [데이터 가져오기]를 선택합니다(데이터베이스 생성 방법은 [Chapter1] – [Section02]를 참고해 생성합니다).

step **02** [Next] 버튼을 클릭합니다.

step 03 데이터 원본 선택 화면에서 [Flat File Source] – [찾아보기] 버튼을 클릭합니다.

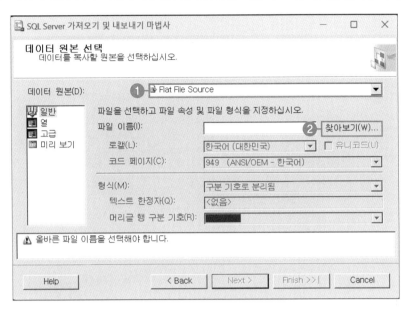

step 04 다운로드한 sales.txt(와 customer.txt 중에)를 선택한 후 [열기] 버튼을 클릭합니다(만약 다운로드한 위치에 파일이 보이지 않으면 [열기] 버튼 바로 위의 파일 형식을 [텍스트 파일(*.txt)]로 변경해 보세요).

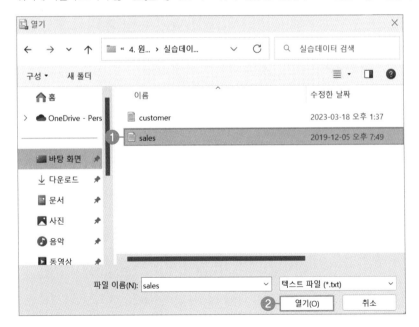

step 05 [Next] 버튼을 클릭합니다([고급] 탭에서는 데이터 형식을 확인하고 변경할 수 있습니다. [미리 보기] 탭에 서는 데이터 미리 보기를 할 수 있습니다. 우리 실습 데이터에서는 사용하지 않는 탭이므로 가볍게 확인하고 넘어가셔도 됩니다).

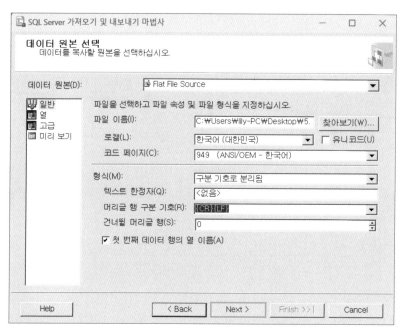

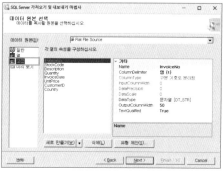

step **06** 대상 선택 화면에서 [대상(D)]의 [드롭다운 아이콘] 버튼을 클릭하고 [Microsoft OLE DB Pro-vider for SQL Server]를 선택합니다.

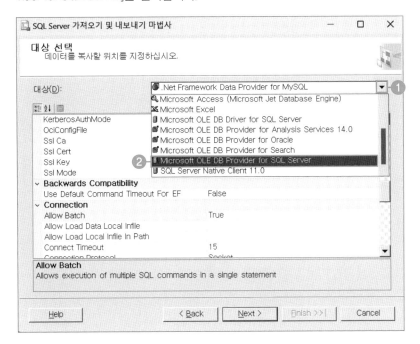

step **07** [데이터베이스(T)]의 [드롭다운 아이콘] 버튼을 클릭해 업로드할 데이터베이스를 선택하고 [Next] 버튼을 클릭합니다.

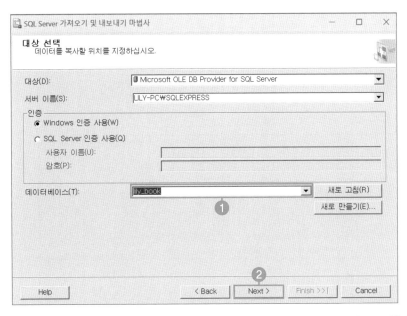

step 08 테이블을 선택하고 [매핑 편집] 버튼을 클릭합니다([dbo.][Sales]에서 [Sales]는 추후 테이블명이 되는
부분으로 클릭하면 변경이 가능합니다).

step 09 각 항목들의 유형을 다음과 같이 선택한 후 [확인] 버튼을 클릭합니다(각 항목들의 데이터 타입을
선택하거나 NULL값 허용 등 데이터 형식을 지정하는 곳입니다).

SALES 테이블
- Quantity → int
- InvoiceDate → date
- UnitPrice → decimal , 소수 자릿수: 2

CUSTOMER 테이블
- birh_dt → date
- entr_dt → date

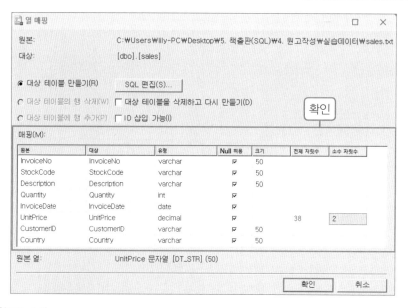

데이터 형식 및 매핑 검토 화면에서 [Next] 버튼을 클릭합니다.

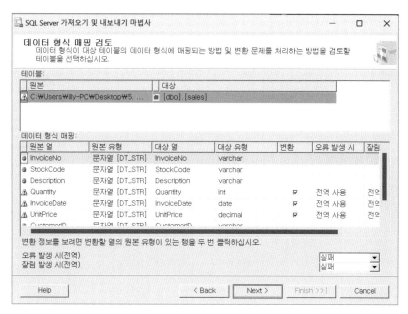

패키지 저장 및 실행 화면이 나타나면 [Next] 버튼을 클릭합니다.

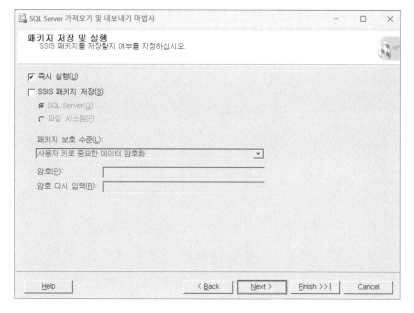

step **12** Complete the Wizard 화면에서 [Finish] 버튼을 클릭합니다.

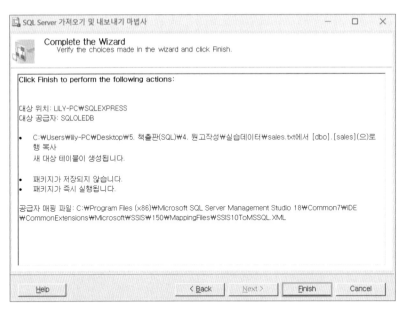

step **13** 테이블이 정상적으로 업로드된 것을 확인(Success 메시지 확인)한 후 [Close] 버튼을 클릭합니다.

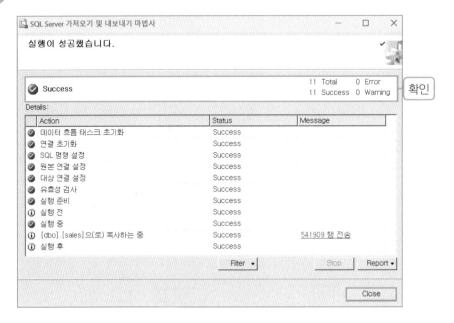

02 매출 트렌드

판매 동향을 다양한 각도에서 살펴보는 실습을 진행하겠습니다. 실습 이후 기업의 매출 트렌드를 파악하는 데 도움이 됩니다.

01. 기간, 국가, 제품별 매출 현황 파악

매출 데이터의 기간, 국가, 제품을 기준으로 매출 트렌드가 어떻게 변화하는지 살펴보겠습니다. 매출 트렌드는 기간별×국가별 매출 현황 등의 다양한 조합으로 활용해 조회할 수 있으니 집중해서 봐주세요.

기간별 매출 현황

확인 사항

기간별 매출 현황이 어떤 트렌드를 보이는지 확인하고 싶습니다.

생각해보기

기간별 매출 현황의 트렌드를 파악하려면 우선 SALES 테이블에서 기간별 매출을 확인해야 합니다. 매출 일자가 같은 주문끼리 그룹화해 판매된 수량과 매출의 합계를 구하고 계산을 진행합니다. 따라서 쿼리문은 SUM, COUNT 함수와 GROUP BY절을 사용해 작성합니다.

매출 현황 지표는 매출액 지표를 포함하여 주문 수량, 주문 건수, 주문 고객 수도 살펴볼 수 있어 함께 출력해 보겠습니다.

---

* 활용할 수 있는 매출 트렌드는 이외에도 기간별×제품별 매출 현황, 국가별×제품별 매출 현황, 기간별×국가별×제품별 매출 현황 등이 있으며 날짜가 아닌 월, 연도 등을 기준으로 데이터를 조회할 수도 있습니다.

```
SELECT      invoicedate
          , SUM(unitprice*quantity) AS 매출액  -❷
          , SUM(quantity) AS 주문수량
          , COUNT(DISTINCT invoiceno) AS 주문건수  -❸
          , COUNT(DISTINCT customerid) AS 주문고객수
FROM        sales
GROUP BY    invoicedate  -❶
ORDER BY    invoicedate
```

SQL의 처리 순서대로 쿼리문(9.2.1)을 살펴보면 ❶ 기간별 지표만 묶어 확인하기 위해 GROUP BY절에 구매일자 칼럼인 invoicedate가 작성되었고, ❷ 제품 1개당 가격 데이터를 알 수 있는 unitprice와 판매 수량 데이터인 quantity를 곱한 값이 합계되어 매출액을 구하도록 작성되었으며, ❸ 주문 건수 데이터인 invoiceno는 하나의 주문에 여러 제품을 구매해 발생한 중복 값을 제거한 후 집계될 수 있도록 DISTINCT 표현식을 사용해 중복 없이 집계되도록 작성되었습니다.

실행 결과 9.2.1

▶ 실행 결과는 전체 결과 중 일부입니다.

INVOICEDATE	매출액	주문수량	주문건수	주문고객수
2010-12-01	58635.56	26814	143	99
2010-12-02	46207.28	21023	167	118
	45620.~~	14830		56
2010-12-12	17240.92	10565	51	43
2010-12-13	35379.34	17623	84	62
2010-12-14	42843.29	20098	144	105

실행 결과(9.2.1)와 같은 데이터가 조회되었다면 쿼리문을 올바르게 작성한 겁니다. 만약 실행 결과와 다른 데이터가 조회되었다면 쿼리문을 다시 한번 확인해 틀린 곳을 체크하고 연습해 주세요.

국가별 매출 현황

확인 사항

국가별 매출 현황이 어떤 트렌드를 보이는지 확인하고 싶습니다.

생각해보기

국가별 매출 현황의 트렌드를 파악하려면 우선 SALES 테이블에서 국가별 매출을 확인해야 합니다. 매출이 발생한 국가의 주문끼리 그룹화해 판매된 수량과 매출의 합계를 구하고 계산을 진행합니다. 따라서 쿼리문은 SUM, COUNT 함수와 GROUP BY절을 사용해 작성합니다. 기간별 매출 현황과 동일하게 주요 매출 지표 네 가지도 함께 출력해 보겠습니다.

쿼리 9.2.2

```
SELECT    country
        , SUM(unitprice*quantity) AS 매출액 -❷
        , SUM(quantity) AS 주문수량
        , COUNT(DISTINCT invoiceno) AS 주문건수 -❸
        , COUNT(DISTINCT customerid) AS 주문고객수
FROM      sales
GROUP BY  country -❶
```

SQL의 처리 순서대로 쿼리문(9.2.2)을 살펴보면 ❶ 국가별 지표만 묶어 확인하기 위해 GROUP BY절에 국가 칼럼인 country가 작성되었고, ❷ 제품 1개당 가격 데이터를 알 수 있는 unitprice와 판매 수량 데이터인 quantity를 곱한 값이 합계되어 매출액을 구하도록 작성되었으며, ❸ 주문 건수 데이터인 invoiceno는 하나의 주문에 여러 제품을 구매하여 발생한 중복 값을 제거하고 집계될 수 있도록 DISTINCT 표현식이 작성되었습니다.

▶ 실행 결과는 전체 결과 중 일부입니다.

COUNTRY	매출액	주문수량	주문건수	주문고객수
Canada	3666.38	2763	6	4
Norway	35163.46	19247	40	10
Belgium	40910.96	23152	119	25
Japan	35340.62	25218	28	8
USA	1730.92	1034	7	4
Hong Kong	10117.04	4769	15	1
France	197403.9	110480	461	88
United Kingdom	8187806	4263829	23494	3951
Lebanon	1693.88	386	1	1
European Community	1291.75	497	5	1
Italy	16890.51	7999	55	15
Singapore	9120.39	5234	10	1
Israel	7907.82	4353	9	5

실행 결과(9.2.2)의 국가별 매출 현황을 살펴보면 United Kingdom의 매출 지표가 유난히 높게 출력된 것을 확인할 수 있습니다. 이를 통해 해당 데이터는 United Kingdom이 주된 시장인 매출 데이터인 것을 유추할 수 있습니다.

실행 결과(9.2.2)와 같은 데이터가 조회되었다면 쿼리문을 올바르게 작성한 겁니다. 만약 실행 결과와 다른 데이터가 조회되었다면 쿼리문을 다시 한번 확인해 틀린 곳을 체크하고 연습해 주세요.

국가별 × 제품별 매출 현황

확인 사항

국가별, 제품별 매출 현황이 어떤 트렌드를 보이는지 확인하고 싶습니다.

생각해보기

국가별×제품별 매출 현황 트렌드를 파악하려면 우선 매출 데이터의 국가별, 제품별 매출을 확인해야 합니다. 제품별로 같은 국가의 주문끼리 그룹화해 판매된 수량과 매출의 합계를 구하고 계산을 진행합니다. 따라서 쿼리문은 SUM, COUNT 함수와 GROUP BY절을 사용하고 인수에는 국가와 제품을 구분해 주는 국가명과 제품 ID 칼럼을 사용해 작성합니다. 기간별, 국가별 매출 현황과 동일하게 주요 매출 지표 네 가지도 함께 출력해 보겠습니다.

쿼리 9.2.3

```
SELECT    country
        , stockcode
        , SUM(unitprice*quantity) AS 매출액  -②
        , SUM(quantity) AS 주문수량
        , COUNT(DISTINCT invoiceno) AS 주문건수  -③
        , COUNT(DISTINCT customerid) AS 주문고객수
FROM      sales
GROUP BY  country
        , stockcode  -①
```

쿼리문(9.2.3)을 살펴보면 ❶ 국가와 제품이 같다면 하나의 그룹으로 묶어야 하므로 GROUP BY절에 country, stockcode 조건이 작성되었고, ❷ 그룹 내에서 매출액 집계를 내야 하므로 제품 개당 가격인 unitprice와 판매 수량 데이터인 quantity를 곱한 후 이를 모두 합계를 내도록 작성되었으며, ❸ 주문 건수는 invoiceno의 수를 카운팅 해주면 되는데, 이는 하나의 주문에서 다양한 제품을 주문하는 경우 같은 값이 다른 행에 계속해 작성되어 있으므로 DISTINCT 표현식을 통해 중복 값을 제거한 후 COUNT 집계될 수 있도록 작성되었습니다.

▶ 실행 결과는 전체 결과 중 일부입니다.

COUNTRY	STOCKCODE	매출액	주문수량	주문건수	주문고객수
Australia	22132	69.12	96	1	1
Australia	22138	482.25	111	8	4
Australia	22139	1136.85	267	5	2
Australia	22147	250	200	4	1
Australia	22148	112.8	64	3	2
	22150		200		1
Australia	22176	35.4	12	1	1
Australia	22193	176.8	22	4	2
Australia	22194	17	2	1	1
Australia	22195	195.2	128	4	3
Australia	22196	156	208	3	2

실행 결과(9.2.3)와 같은 데이터가 조회되었다면 쿼리문을 올바르게 작성한 겁니다. 만약 실행 결과와 다른 데이터가 조회되었다면 쿼리문을 다시 한번 확인해 틀린 곳을 체크하고 연습해 주세요.

총 세 가지의 매출 현황을 모두 출력해 봤는데 살펴보면 묶음 처리 기준 및 조회할 칼럼만 변경되어 작성되었다는 것을 GROUP BY절과 SELECT절을 통해 확인할 수 있습니다. 다른 조건의 매출 현황 역시도 묶음 기준만 조금 변경해 살펴볼 수 있습니다.

02. 특정 제품의 매출 지표(매출액, 주문 수량) 파악

SALES 테이블의 특정 제품에 대한 매출 지표를 확인해 보겠습니다. 매출 지표는 특정 국가, 기간, 매장, 카테고리 등의 다양한 조합으로 활용해 조회할 수 있습니다.

특정 제품 매출 현황

확인 사항

특정 제품(stockcode='21615')의 매출 현황을 확인하고 싶습니다.

생각해보기

특정 제품의 매출 현황을 파악하려면 우선 SALES 테이블에서 해당 제품의 매출을 확인해야 합니다. 전체 매출 데이터 중 특정 제품만 필터링될 수 있도록 필터링 조건을 작성하는 WHERE절을 사용해 쿼리문을 작성하고 필터링이 완료된 데이터에서 판매 지표도 같이 출력하겠습니다.

쿼리 9.2.4

```
SELECT  SUM(unitprice*quantity) AS 매출액 -❷
        , SUM(quantity) AS 주문수량
        , COUNT(DISTINCT invoiceno) AS 주문건수 -❸
        , COUNT(DISTINCT customerid) AS 주문고객수
FROM    sales
WHERE   stockcode = '21615' -❶
```

쿼리문(9.2.4)을 살펴보면 ❶ 매출 데이터 중에서도 제품 ID가 '21615'인 매출 정보만 필요하므로 해당 제품만 필터링할 수 있는 조건식을 WHERE절에 작성하였고, ❷ 이렇게 필터링된 특정 제품에 대한 판매 이력을 하나의 그룹으로 보고 여기서 매출액 집계를 내야 하므로 제품 개당 가격인 unitprice와 판매 수량 데이터인 quantity를 곱한 후 이를 모두 합계를 내도록 작성되었으며, ❸ 주문 건수는 invoiceno 의 수를 카운팅 해주면 되는데, 이는 하나의 주문에서 다양한 제품을 주문하는 경우 같은 값이 다른 행에 계속해 작성되어 있으므로 DISTINCT 표현식을 통해 중복 값을 제거한 후 COUNT 집계될 수 있도록 작성되었습니다.

매출액	주문수량	주문건수	주문고객수
1349.17	866	136	87

실행 결과(9.2.4)와 같은 데이터가 조회되었다면 쿼리문을 올바르게 작성한 겁니다. 만약 실행 결과와 다른 데이터가 조회되었다면 쿼리문을 다시 한번 확인해 틀린 곳을 체크하고 연습해 주세요.

특정 제품의 기간별 매출 현황

확인 사항

특정 제품(stockcode='21615', '21731')의 기간별 매출 현황을 확인하고 싶습니다.

생각해보기

특정 제품의 기간별 매출 현황을 파악하려면 SALES 테이블에서 특정 제품의 기간별 매출을 확인해야 합니다. 전체 매출 데이터 중 특정 제품만 필터링될 수 있도록 필터링 조건을 작성하는 WHERE절을 사용해 쿼리문을 작성하고 판매 지표도 같이 출력하겠습니다(필터링이 완료된 데이터에서 기간별 매출 현황을 확인하기 때문에 같은 기간끼리 묶어 이들의 판매 지표를 출력하면 됩니다).

쿼리 9.2.5

```
SELECT    invoicedate
        , SUM(unitprice*quantity) AS 매출액
        , SUM(quantity) AS 주문수량
        , COUNT(DISTINCT invoiceno) AS 주문건수
        , COUNT(DISTINCT customerid) AS 주문고객수 -❸
FROM      sales
WHERE     stockcode IN ('21615','21731') -❶
GROUP BY  invoicedate -❷
```

쿼리문(9.2.5)을 살펴보면 ❶ 매출 데이터 중에서도 제품 ID가 '21615'이거나 '21731'인 매출만 필요하므로 해당 제품들만 필터링할 수 있도록 IN 연산자를 활용한 조건식을 WHERE절에 작성하였고, ❷ 이렇게 필터링된 특정 제품들에 대한 판매 이력에서 일자별로 매출 현황을 확인하고 싶기에 판매 일자가 같다면 하나의 그룹으로 묶일 수 있도록 GROUP BY절에 invoicedate가 작성되었고, ❸ 주문 고객수는 customerid의 수를 카운팅 해주면 되는데, 이는 한 사람이 다양한 제품을 여러 번 주문하는 경우 같은 값이 다른 행에 계속해 작성되어 있으므로 DISTINCT 표현식을 통해 중복 값을 제거한 후 COUNT 집계될 수 있도록 작성되었습니다.

실행 결과 9.2.5

▶ 실행 결과는 전체 결과 중 일부입니다.

INVOICEDATE	매출액	주문수량	주문건수	주문고객수
2010-12-01	634.41	483	8	7
2010-12-02	44.55	27	3	3
2010-12-03	112.8	58	3	3
2010-12-05	39.6	24	1	1
2010-12-06	73.32	32	6	4
2010-12-07	168.48	99	5	4
2010-12-08	73.02	37	3	3
2010-12-09	68.82	32	4	4
2010-12-10	104.37	56	6	3
2010-12-13	30.66	15	3	3

실행 결과(9.2.5)와 같은 데이터가 조회되었다면 쿼리문을 올바르게 작성한 겁니다. 만약 실행 결과와 다른 데이터가 조회되었다면 쿼리문을 다시 한번 확인해 틀린 곳을 체크하고 연습해 주세요.

이벤트 효과 분석

이벤트를 기획해 진행한 후 해당 이벤트의 성공 여부를 확인하기 위해서는 데이터의 수치를 비교해 판단하는 것이 가장 효과적입니다. 실습 이후 다양한 이벤트 효과 분석 시 비교 지표를 파악하는 데 도움이 됩니다.

01. 비교 지표와 함께 매출 증대 효과 분석

10일 동안 진행한 이벤트의 매출이 100만 원이라고 가정합니다. 1일 10만 원의 매출을 기록한 셈인데 매출만 봐서 해당 이벤트가 성공적이었다고 볼 수 있을까요? 아마 대부분 확신 있게 답하지 못할 겁니다. 왜냐하면 산업 분야와 시기마다 이벤트 성공을 판단하는 기준이 다르기 때문입니다. 따라서 본문에서는 데이터의 절대적인 수치뿐만 아니라 이벤트 성공의 판단을 도와주는 '비교를 통한 판단'에 대해 살펴보려고 합니다.

비교에 대한 지표는 '시기에 대한 비교'와 '범위에 대한 비교'로 나뉩니다. 먼저 '시기에 대한 비교'는 이벤트를 시행한 기간과 그렇지 않은 기간을 비교해 이벤트를 진행한 기간의 지난주, 전월, 전년 동기간 등의 비교 기간을 포함하여 결과를 해석합니다. 이렇게 다양한 시기를 기준으로 데이터를 살펴보는 이유는 시계열에 영향을 최소화하여 이벤트 효과를 순수하게 보고자 함입니다. 다음 '범위에 대한 비교'는 전체 데이터에서 이벤트의 영향도 범위를 분석하는 방법입니다. 예를 들어 A 브랜드의 상품이 총 10개인데 이 중 3개를 이벤트 특가로 판매해 이벤트 종료 후 매출 비중을 확인하는 겁니다. 비중이 높으면 높을수록 영향도가 크다고 봅니다.

이벤트 효과 분석(시기에 대한 비교)

2011년 9월 10일부터 2011년 9월 25일까지 약 15일 동안 진행한 이벤트의 매출을 확인하고 싶습니다.

특정 기간의 이벤트 매출을 파악하려면 SALES 테이블에서 해당 기간의 매출을 확인해야 하기에 전체 매출 데이터 중 특정 기간만 필터링해줍니다. 따라서 필터링 조건을 작성하는 WHERE절을 사용해 쿼리문을 작성하고 필터링이 완료된 데이터에서 판매 지표도 같이 출력하겠습니다. 그리고 이벤트 기간과 그렇지 않은 기간 두 가지로 기간을 분류해야 하므로, CASE문을 사용해 특정 기간을 만족할 경우 '이벤트 기간' 혹은 '이벤트 비교 기간'이라는 원하는 값으로 분류하도록 작성합니다.

쿼리 9.3.1

```
SELECT   CASE  WHEN invoicedate BETWEEN '2011-09-10' AND '2011-09-25' THEN '이벤트 기간'
               WHEN invoicedate BETWEEN '2011-08-10' AND '2011-08-25' THEN '이벤트 비
               교기간(전월동기간)' END AS 기간구분
       , SUM(unitprice*quantity) AS 매출액
       , SUM(quantity) AS 주문수량
       , COUNT(DISTINCT invoiceno) AS 주문건수
       , COUNT(DISTINCT customerid) AS 주문고객수
FROM     sales
WHERE    invoicedate BETWEEN '2011-09-10' AND '2011-09-25'
   OR    invoicedate BETWEEN '2011-08-10' AND '2011-08-25'  -❶
GROUP BY CASE  WHEN invoicedate BETWEEN '2011-09-10' AND '2011-09-25' THEN '이벤트 기간'
               WHEN invoicedate BETWEEN '2011-08-10' AND '2011-08-25' THEN '이벤트 비
               교기간(전월동기간)' END -❷
```

쿼리문(9.3.1)을 살펴보면 ❶ 이벤트 기간인 '2011-09-10'~'2011-09-25' 기간, 전월 동기간인 '2011-08-10'~'2011-08-25'의 매출만 필요하므로 해당 기간들만 필터링할 수 있도록 BETWEEN 연산자를 활용하여 조건식 두 개를 OR로 연결해 WHERE절에 작성하였고, ❷ 이렇게 필터링된 기간에서 '이벤트

기간' 그룹과 '이벤트 비교 기간' 그룹으로 나눠 각 그룹의 매출 현황을 집계해야 하므로 GROUP BY절에 그룹 기준을 작성할 수 있는 CASE문이 작성되었습니다.

기간구분	매출액	주문수량	주문건수	주문고객수
이벤트 기간	573344.81	303085	1184	768
이벤트 비교기간(전월동기간)	398800.05	239303	965	657

실행 결과(9.3.1)를 살펴보면 이벤트를 진행한 기간이 진행하지 않은 기간보다 매출액, 주문 수량, 주문 건수, 주문 고객수 등 모든 지표에서 수치가 높게 나타나는 것을 확인할 수 있습니다. 이로써 성공적인 이벤트였다고 판단할 수 있습니다.

이벤트 제품 효과 분석(시기에 대한 비교)

확인 사항

2011년 9월 10일부터 2011년 9월 25일까지 특정 제품(stockcode='17012A' 및 '17012C', '17021', '17084N')에 실시한 이벤트에 대해 해당 제품의 매출을 확인하고 싶습니다.

생각해보기

특정 기간의 특정 제품에 실시한 이벤트 매출을 파악하려면 SALES 테이블에서 해당 특정 기간 및 특정 제품의 매출을 확인해야 합니다. 전체 매출 데이터 중 이벤트 기간과 특정 제품만 필터링을 해줍니다. 따라서 필터링 조건을 작성하는 WHERE절을 사용해 쿼리문을 작성하고 필터링이 완료된 데이터에서 판매 지표도 함께 출력해 보겠습니다.

```
SELECT      CASE WHEN invoicedate BETWEEN '2011-09-10' AND '2011-09-25' THEN '이벤트 기간'
                 WHEN invoicedate BETWEEN '2011-08-10' AND '2011-08-25' THEN '이벤트
                 비교기간(전월동기간)' END AS 기간구분
          , SUM(unitprice*quantity) AS 매출액
          , SUM(quantity) AS 주문수량
          , COUNT(DISTINCT invoiceno) AS 주문건수
          , COUNT(DISTINCT customerid) AS 주문고객수
FROM        sales
WHERE       ( invoicedate BETWEEN '2011-09-10' AND '2011-09-25'
   OR         invoicedate BETWEEN '2011-08-10' AND '2011-08-25' )  -❶
   AND        stockcode IN ('17012A','17012C','17021','17084N') -❷
GROUP BY  CASE WHEN invoicedate BETWEEN '2011-09-10' AND '2011-09-25' THEN '이벤트 기간'
                 WHEN invoicedate BETWEEN '2011-08-10' AND '2011-08-25' THEN '이벤트
비교기간(전월동기간)' END -❸
```

쿼리문(9.3.2)을 살펴보면 ❶ 이벤트 기간인 '2011-09-10'~'2011-09-25' 기간, 전월 동기간인 '2011-08-10'~'2011-08-25'의 매출만 필요하므로 해당 기간들만 필터링할 수 있도록 BETWEEN 연산자를 활용하여 작성된 조건식 두 개를 OR로 연결하여 WHERE절에 작성하였고, ❷ 이 기간의 매출 중에서 특정 제품의 매출 데이터가 필요하기 때문에 기간에 대한 조건식을 AND 연산자로 연결하여 작성했습니다. 작성 시 유의할 점은 WHERE절에 OR와 AND 연산자가 둘 다 있기 때문에 연산자 우선순위에서 우선순위가 높은 AND보다 기간에 대한 연산자(OR)가 먼저 계산될 수 있도록 괄호를 사용했다는 점입니다. ❸ 이렇게 필터링 된 기간과 제품에 대한 매출 데이터를 '이벤트 기간' 그룹과 '이벤트 비교 기간' 그룹으로 나눠 각 그룹의 매출 현황을 집계해야 하므로 GROUP BY절에 그룹 기준을 작성할 수 있는 CASE문이 작성되었습니다.

기간구분	매출액	주문수량	주문건수	주문고객수
이벤트 기간	86.65	142	15	10
이벤트 비교기간(전월동기간)	23.85	78	7	7

실행 결과(9.3.2)를 살펴보면 이벤트를 진행한 기간이 진행하지 않은 기간보다 매출액, 주문 수량, 주문건수, 주문 고객수 등 모든 지표에서 수치가 높게 나타나는 것을 확인할 수 있습니다. 특히 이벤트를 진행한 특정 제품의 매출액은 전월 대비 약 400% 가까운 수치로 증가했으며 주문 수량 및 주문 건수도 약 200% 증가했음을 알 수 있습니다. 이로써 성공적인 이벤트였다고 판단할 수 있습니다.

CRM 고객 타깃 출력

실무에서는 고객 관리를 목적으로 특정 고객을 타깃해 이벤트 혹은 커뮤니케이션을 진행하는 경우가 있는데 타깃은 특정 기준을 통해 정해지거나 고객 정보 데이터를 활용해 출력됩니다. 실습 이후 고객 타케팅을 진행할 때 타깃 출력을 위한 기준 설정에 도움이 됩니다.

01. 특정 기간 특정 제품을 구매한 고객 정보 출력

특정 기간에 특정 제품을 구매한 고객들을 타깃해 데이터를 출력해 보겠습니다. 고객 정보 출력은 특정 국가, 매장, 카테고리 등의 다양한 조합으로 활용해 조회할 수 있으니 집중해서 봐주세요.

특정 제품 구매 고객 정보

확인 사항

2010년 12월 1일부터 2010년 12월 10일까지 특정 제품(stockcode='21730' 및 '21615')을 구매한 고객 정보만 출력하고 싶습니다. 출력을 원하는 고객 정보는 고객 ID, 이름, 성별, 생년월일, 가입 일자, 등급, 가입 채널입니다.

생각해보기

특정 기간 특정 제품을 구매한 고객 정보를 출력하려면 SALES 테이블에서 해당 기간에 특정 제품을 구매한 고객 데이터를 확인해야 합니다. 이후 알고 싶은 고객 정보를 추가해 CUSTOMER 테이블에서 확인합니다. SALES 테이블과 CUSTOMER 테이블을 결합하여 함께 살펴봐야 하므로 LEFT JOIN절을 사용해 쿼리문을 작성합니다.

```
SELECT  s.customerid
        , c.customer_name
        , c.gd
        , c.birth_dt
        , c.entr_dt
        , c.grade
        , c.sign_up_ch
FROM    (
        SELECT DISTINCT customerid
          FROM sales
         WHERE stockcode IN ('21730','21615')
           AND invoicedate BETWEEN '2010-12-01' AND '2010-12-10'
        ) s  -❶
LEFT
JOIN    (
        SELECT mem_no
               , CONCAT(last_name,first_name) AS customer_name
               , gd
               , birth_dt
               , entr_dt
               , grade
               , sign_up_ch
          FROM customer
        ) c  -❷
   ON  s.customerid = c.mem_no -❸
```

쿼리문(9.4.1)을 살펴보면 ❶ '2010-12-01'~'2010-12-10' 기간 내에 특정 제품(stockcode='21730', '21615')의 매출을 필터링하기 위해 WHERE절에 작성하였고, 이들 매출 중에서 고객 ID만 출력하기 위해 SELECT절에는 중복 값을 제거한 customerid만 출력할 수 있도록 작성했습니다. 이 값을 테이블로 생각하기 위해 FROM절에 서브쿼리로 작성하였고, ❷ 고객 정보를 담고 있는 CUSTOMER 테이블에서 원하는 고객 정보만 출력하기 위해 SELECT절에 작성했고, 그중에 이름의 경우 last_name 칼럼과 first_name 칼럼이 한 번에 합쳐진 상태로 출력을 원하기에 CONCAT 함수를 이용해 작성되었으며 ❸ 특정 기간의 특정 제품을 구매한 고객 리스트와 이들의 정보를 LEFT JOIN을 통해 결합하여 볼 수 있도록 작성하였습니다. 이때 결합 조건은 각 테이블의 고객 ID가 서로 같을 때 붙도록 작성되었습니다.

실행 결과 9.4.1

CUSTOMER_ID	CUSTOMER_NAME	GD	BIRTH_DT	ENTR_DT	GRADE	SIGN_UP-CH
13240	김환희	M	1992-04-29	2012-07-04	BRONZE	2
16658	유솔희	F	1993-07-17	2012-09-12	BRONZE	3
15602	최라엘	F	1983-04-02	2012-05-20	VIP	3
14062	김민겸	M	1992-04-22	2012-05-20	BRONZE	7
17850	임은성	M	1995-02-01	2011-02-07	BRONZE	2
18116	곽윤채	F	1983-03-28	2011-10-13	BRONZE	1
17526	허재석	M	1973-01-06	2012-01-29	VIP	3
15081	이진우	M	1971-07-01	2013-02-26	BRONZE	3
14443	이미연	F	1986-10-02	2013-08-23	BRONZE	2
14344	김화영	F	1987-07-02	2013-06-23	BRONZE	2
13495	김진	M	1987-12-02	2011-01-22	BRONZE	2

실행 결과(9.4.1)와 같은 데이터가 조회되었다면 쿼리문을 올바르게 작성한 겁니다. 만약 실행 결과와 다른 데이터가 조회되었다면 쿼리문을 다시 한번 확인해 틀린 곳을 체크하고 연습해 주세요.

SELECT절 칼럼명 앞에는 왜 알파벳과 온점이 오나요?

출력하고자 하는 칼럼명 앞에 테이블의 별칭과 온점을 붙임으로써 해당 칼럼이 어떤 테이블의 칼럼인지 정확히 알 수 있습니다. 특히 테이블 결합의 JOIN 작성 시 서로 다른 테이블에 중복 칼럼이 있는 경우 테이블 별칭과 온점을 반드시 표기해야 오류가 발생하지 않습니다.

■ 잘못된 쿼리문	■ 올바른 쿼리문
SELECT id	SELECT a.id
FROM table_A a	FROM table_A a
JOIN table_B b	JOIN table_B b
ON a.id = b.id	ON a.id = b.id

예시의 쿼리문을 보면 'id'라는 공통된 칼럼을 가진 table_A와 table_B를 JOIN으로 결합해 데이터를 출력하고자 하는데 '잘못된 쿼리문'의 경우 SELECT절에 칼럼명 id만 작성되어 이 칼럼명이 table_A를 의미하는 것인지 table_B를 의미하는 것인지 명확하지 않아 오류가 발생하게 됩니다. 반면 '올바른 쿼리문'은 SELECT절에 테이블 별칭 'a'가 작성되어 table_A의 칼럼임을 알 수 있어 올바른 데이터 출력이 가능합니다.

02. 멤버십 가입 후 미구매 고객 정보 출력

멤버십에 가입한 고객 중 미구매 고객 정보만 출력해 보겠습니다. 구매 경험이 없는 고객들을 대상으로 상품 구매를 유도하는 건 기업의 고객 관리 측면에서 아주 중요한 활동입니다. 또한, 미구매 고객 정보 출력은 가입한 고객뿐만 아니라 특정 매장과 기간 등의 다양한 조합으로 활용하여 조회할 수 있으니 집중해서 봐주세요.

미구매 고객 정보

확인 사항

전체 멤버십 가입 고객 중에서 구매 이력이 없는 고객과 구매 이력이 있는 고객 정보를 구분하고 싶습니다.

  멤버십 가입 고객 중에서 구매 이력의 유무로 고객을 구분해 데이터를 출력하려면 CUSTOMER 테이블을 기준으로 SALES 테이블에서 고객의 구매 데이터를 확인해야 하므로 두 테이블을 결합해 함께 살펴볼 수 있는 LEFT JOIN절을 사용해 쿼리문을 작성합니다.

▶ 세 명의 고객 중 구매 이력이 한 명만 있다면?

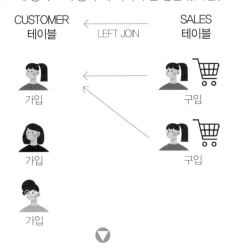

▶ LEFT JOIN 결과

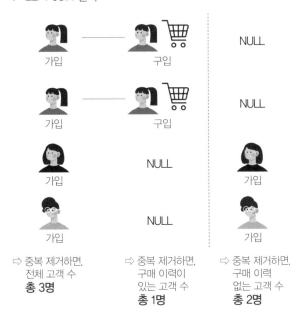

본문의 이미지처럼 세 명의 고객 중 구매 경험은 A 고객만 있다면 LEFT JOIN 실행 시 구매 경험이 없는 B와 C고객은 NULL값으로 출력됩니다. 이때 우리는 미구매 고객에 대한 정보만을 담고 있는 별도의 칼럼이 없기 때문에, CASE문을 통해 구매가 없다는 조건을 만족하면 고객 ID가 출력되고 그렇지 않으면 NULL값이 출력될 수 있도록 쿼리문을 작성합니다.

쿼리 9.4.2

▶ step 1 : SALES 테이블과 CUSTOMER 테이블을 결합하고 미구매 고객을 구분하는 쿼리를 CASE문을 사용해 작성합니다.

```
SELECT  CASE WHEN s.CustomerID IS NULL THEN c.mem_no END AS non_purchaser —①
          , c.mem_no
          , c.last_name
          , c.first_name
          , s.InvoiceNo
          , s.StockCode
          , s.Quantity
          , s.InvoiceDate
          , s.UnitPrice
          , s.CustomerID
  FROM  customer c
  LEFT
  JOIN  sales s
    ON  c.mem_no = s.CustomerID
```

먼저 쿼리문(9.4.2)을 바탕으로 SELECT절의 CASE문을 살펴보면 ① CUSTOMER 테이블과 SALES 테이블 결합 시 일치되는 구매 데이터가 없다면 SALES 테이블의 모든 열의 값이 NULL값일 것이고, 이 조건을 만족하는 경우에만 CUSTOMER 테이블에서 고객 ID를 가져오도록 작성되었습니다.

▶ 실행 결과는 전체 결과 중 일부입니다.

NON_PURCHASER	MEM_NO	LAST_NAME	FIRST_NAME	INVOICE_NO	STOCK_CODE	QUANTITY	INVOICE_DATE	UNIT_PRICE	CUSTOMER_ID
NULL	14257	김	지음	569914	22065	48	2011-10-06	0.39	14257
NULL	14257	김	지음	569914	23076	240	2011-10-06	1.04	14257
NULL	14257	김	지음	569914	20718	20	2011-10-06	1.25	14257
NULL	14257	김	지음	569914	23155	20	2011-10-06	1.95	14257
18314	18314	하	영민	NULL	NULL	NULL	NULL	NULL	NULL
18322	18322	주	대현	NULL	NULL	NULL	NULL	NULL	NULL
18825	18825	손	겸	NULL	NULL	NULL	NULL	NULL	NULL

실행 결과(9.4.2)를 살펴보면 CASE문을 통해 구매 이력이 있는 고객은 non_purchase 칼럼에 NULL 값이 출력되고 구매 이력이 없는 고객은 non_purchase 칼럼에 고객 ID가 출력되었음을 확인할 수 있습니다.

만약 미구매 고객 ID를 출력하는 것에서 더 나아가 전체 고객 중 미구매 고객의 수도 확인하고 싶다면 COUNT 함수를 사용해 쿼리문을 작성합니다.

▶ step2 : 전체 고객수와 미구매 고객수를 계산합니다.

```
SELECT  COUNT(DISTINCT CASE WHEN s.CustomerID IS NULL THEN c.mem_no END) AS non_
        purchaser -①
        , COUNT(DISTINCT c.mem_no) AS total_customer -②
FROM    customer c
LEFT
JOIN    sales s
  ON    c.mem_no = s.CustomerID
```

쿼리문(9.4.3)을 살펴보면 ❶ 쿼리문(9.4.2)에서 작성한 CASE문은 미구매자에 대한 가공된 칼럼으로 생각할 수 있으며 이에 대해 DISTINCT 표현식을 사용해 중복 값을 제거한 후 COUNT 집계되어 미구매 고객수를 출력하도록 작성되었고, ❷ 전체 고객수를 카운팅하기 위해서는 CUSTOMER 테이블의 mem_no 칼럼을 DISTINCT 표현식으로 중복 값을 제거한 후 COUNT 집계되어 전체 고객 수를 출력하도록 작성되었습니다.

실행 결과 9.4.3

NON_PURCHASER	TOTAL_CUSTOMER
997	5369

실행 결과(9.4.3)로 전체 고객의 수 총 5,369명 중 가입만 하고 구매 이력이 없는 미구매 고객의 수는 997명임을 알 수 있습니다.

고객 상품 구매 패턴

매출 지표를 활용해 고객들의 구매 패턴을 좀 더 심층적으로 알아봅니다. 실습 이후 고객의 구매 패턴을 파악하는 데 도움이 됩니다.

01. 고객 상품 구매 패턴 파악

A 브랜드 매장에서 하루 동안 신상품 3개가 판매됐는데 이때 고객의 상품 구매 패턴에는 어떤 것이 있을까요?

1명의 고객이 매장을 1번 방문해서
3개를 한꺼번에 구매한 경우

1명의 고객이 매장을 3번 방문해서
그때마다 1개를 구매한 경우

3명의 고객이 매장을 1번씩 방문해서
1개씩 구매한 경우

첫 번째 구매 패턴은 한 명의 고객이 매장을 1번 방문해서 3개를 한꺼번에 구매한 경우입니다. 두 번째 구매 패턴은 한 명의 고객이 매장을 3번이나 방문해서 그때마다 1개씩 구매한 경우입니다. 마지막 세 번째 구매 패턴은 세 명의 고객이 각각 매장을 1번씩 방문해 상품을 1개씩 구매한 경우입니다.

A 브랜드뿐만 아니라 매장을 방문한 고객의 구매 패턴을 파악하는 건 매장을 운영하는 사람들에게는 중요한 업무 중 하나입니다. 고객의 구매 패턴으로 추후 브랜드 경영 활동의 성과를 확인할 수 있고 방향성을 제시해 주기 때문입니다.

02. 매출의 평균 지표 활용하여 인사이트 도출

고객의 구매 패턴은 매출의 평균 지표를 활용해 파악할 수 있으며 다음과 같이 네 가지 종류가 있습니다.

매출 평균지표 종류

평균값	정의	산출식
ATV	한 번 주문할 때 구매하는 총 금액	매출액/주문 건수
AMV	한 명의 고객이 구매하는 금액	매출액/주문 고객수
Avg.Frq	한 명의 고객이 주문하는 횟수	주문 건수/주문 고객수
Avg.Units	한 번 주문할 때 구매하는 총개수	주문 수량/주문 건수

ATV는 Average Transaction Value의 약자로 AOV(Average Order Value)로도 불립니다. 한 번 주문할 때 구매하는 물건의 총 금액을 산출하며 매출액을 주문 건수로 나누어 값이 클수록 고객들이 한 번 주문할 때 많은 금액을 지출한다고 해석합니다.

AMV는 Average Member Value의 약자로 한 명의 고객이 구매하는 금액을 산출하며 매출액을 주문한 고객 수로 나누어 값이 클수록 고객 한 명이 주문할 때 많은 금액을 지출한다고 해석합니다.

Avg.Frq는 Average Frequency의 약자로 평균 주문 횟수를 산출하며 주문 건수를 주문 고객 수로 나누어 값이 클수록 여러 번 주문하는 고객이 많다고 해석합니다.

Avg.Units는 Average Units의 약자로 주문할 때 고객이 평균적으로 몇 개의 제품을 구매하는지를 의미합니다. 주문 수량을 주문 건수로 나누어 구한 후 값이 클수록 한 번 주문할 때 많은 수량을 주문한다고 해석합니다.

평균 지표를 사용하면 매장의 매출이 증가했을 때 그 이유를 빠르게 찾을 수 있습니다. 고객의 방문 횟수가 늘어 매출이 증가한 것인지 혹은 고객이 이전보다 물건을 더 많이 구매해서인지 등에 대한 구매 패턴을 이해하며 다양한 관점에서 매출 증대의 이유를 파악해 볼 수 있습니다.

＊ ATV는 값이 클수록 '장바구니가 크다' 또는 'Basket Size가 크다'라고도 이야기합니다.

A 브랜드 매장의 매출 평균 지표 ATV, AMV, Avg.Frq, Avg.Units의 값을 알고 싶습니다.

A 브랜드 매장의 매출 평균 지표를 파악하려면 각 요소에 대한 계산을 완료한 후 이들을 평균 지표 공식에 맞춰 나누기 연산합니다.

쿼리 9.5.1

```
SELECT  SUM(unitprice*quantity) AS 매출액
      , SUM(quantity) AS 주문수량
      , COUNT(DISTINCT invoiceno) AS 주문건수
      , COUNT(DISTINCT customerid) AS 주문고객수

      , SUM(unitprice*quantity)/COUNT(DISTINCT invoiceno) AS ATV -①
      , SUM(unitprice*quantity)/COUNT(DISTINCT customerid) AS AMV
      , COUNT(DISTINCT invoiceno)*1.00/COUNT(DISTINCT customerid)*1.00 AS AvgFrq
      , SUM(quantity)*1.00/COUNT(DISTINCT invoiceno)*1.00 AS AvgUnits
  FROM  sales
```

쿼리문(9.5.1)을 살펴보면 ① ATV는 한 번 주문할 때 구매하는 금액을 산출하는 지표이기 때문에 분자에는 전체 매출액이 분모에는 전체 주문 건수가 작성되었습니다. 이때 나누기는 '/'로 표기합니다(6을 3으로 나눈다면, 6/3으로 작성할 수 있습니다).

궁금해요

Avg.Frq와 Avg.Units을 구할 때 왜 분자와 분모에 1.00을 곱하나요?

분모와 분자에 각각 곱하기(*) 1.00을 해준 이유는 곱하기를 하지 않으면 결괏값이 정숫값으로 나오기 때문입니다. 주문 건수와 주문 고객수는 모두 소수점이 없는 정수의 값을 가집니다. 이러한 정숫값에 정숫값을 나누면 결과도 정숫값으로 나오게 됩니다. 나눗셈 연산 결과에 소수점이 포함되게 하려면 각 분모와 분자에 1.000이라는 소수를 곱하면 됩니다. 1.00은 곱하기 결과에는 영향을 주지 않지만 소수점을 만드는 역할을 하게 됩니다.

매출액	주문수량	주문건수	주문고객수	ATV	AMV	AvgFrq	AvgUnits
9747748	5176450	25900	4373	376.3609	2229.076	5.922708	199.8629

실행 결과(9.5.1)와 같은 데이터가 조회되었다면 쿼리문을 올바르게 작성한 겁니다. 만약 실행 결과와 다른 데이터가 조회되었다면 쿼리문을 다시 한번 확인해 틀린 곳을 체크하고 연습해 주세요.

확인 사항

연도 및 월별 매출 평균 지표 ATV, AMV, Avg.Frq, Avg.Units의 값을 파악하고 싶습니다.

생각해보기

앞선 실습에서는 전체 매출에 대해서 산출했다면 이번에는 연도 및 월별로 즉, 이들의 값이 같은 그룹 안에서 평균 매출 지표를 산출하면 됩니다.

쿼리 9.5.2

```
SELECT    YEAR(invoicedate)  AS 연도
          , MONTH(invoicedate) AS 월 -❷
          , SUM(unitprice*quantity) AS 매출액
          , SUM(quantity) AS 주문수량
          , COUNT(DISTINCT invoiceno) AS 주문건수
          , COUNT(DISTINCT customerid) AS 주문고객수

          , SUM(unitprice*quantity)/COUNT(DISTINCT invoiceno) AS ATV
          , SUM(unitprice*quantity)/COUNT(DISTINCT customerid) AS AMV
          , COUNT(DISTINCT invoiceno)*1.00/COUNT(DISTINCT customerid)*1.00 AS AvgFrq
          , SUM(quantity)*1.00/COUNT(DISTINCT invoiceno)*1.00 AS AvgUnits
FROM      sales
GROUP BY  YEAR(invoicedate)
          , MONTH(invoicedate) -❶
ORDER BY 1,2 -❸
```

쿼리문(9.5.2)을 살펴보면 ❶ 연도 및 월별 매출의 평균 지표를 확인하고 싶어, 연도와 월별의 값이 같다면 하나의 그룹으로 묶일 수 있도록 GROUP BY절에 YEAR 함수와 MONTH 함수를 활용해 작성되었고, ❷ 출력 결과에도 묶음 처리된 연도와 월의 정보를 확인할 수 있어야 해 SELECT문에 YEAR 함수와 MONTH 함수를 활용한 값이 그대로 작성되었으며, ❸ 연도와 월의 값이 작은 값에서 큰 값으로 정렬하여 결과를 보고하고자 오름차순으로 작성되었습니다.

실행 결과 9.5.2

연도	월	매출액	주문수량	주문건수	주문 고객수	ATV	AMV	AvgFrq	AvgUnits
2010	12	748957.02	342228	2025	949	369.8553	789.2066	2.133825	169.0015
2011	1	560000.26	308966	1476	784	379.404	714.286	1.882653	209.3266
2011	2	498062.65	277989	1393	799	357.5468	623.3575	1.743429	199.5614
2011	3	683267.08	351872	1983	1021	344.5623	669.2136	1.942214	177.4443
2011	4	493207.12	289098	1744	900	282.8022	548.0079	1.937778	165.7672
2011	5	723333.51	380391	2162	1080	334.5668	669.7533	2.001852	175.944
2011	6	691123.12	341623	2012	1052	343.5006	656.9611	1.912548	169.7927
2011	7	681300.11	391116	1927	994	353.5548	685.4126	1.938632	202.9663
2011	8	682680.51	406199	1737	981	393.0227	695.9027	1.770642	233.8509
2011	9	1019687.6	549817	2327	1303	438.1984	782.5692	1.785879	236.2772
2011	10	1070704.7	570532	2637	1426	406.0314	750.8448	1.849229	216.3565
2011	11	1461756.3	740286	3462	1712	422.2288	853.8296	2.022196	213.8319
2011	12	433668.01	226333	1015	687	427.2591	631.2489	1.477438	222.9882

실행 결과(9.5.2)와 같은 데이터가 조회되었다면 쿼리문을 올바르게 작성한 겁니다. 만약 실행 결과와 다른 데이터가 조회되었다면 쿼리문을 다시 한번 확인해 틀린 곳을 체크하고 연습해 주세요.

Section

06

베스트셀링 상품 확인

베스트셀링 지표를 확인해 특정 범위에 나눠서 가장 잘 팔린 상품을 구해보는 방법을 알아보겠습니다. 실습 이후 베스트셀링 상품을 파악하는 데 도움이 됩니다.

01. 베스트셀링 상품이란?

베스트셀링(BEST SELLING)은 탑셀링이라고도 불리며 판매 수치가 높은 제품을 의미합니다. 베스트셀링의 기준은 보통 특정 범위로 나누어 파악하고 있으며 국가, 카테고리, 기간을 기준으로 베스트셀링을 봅니다.

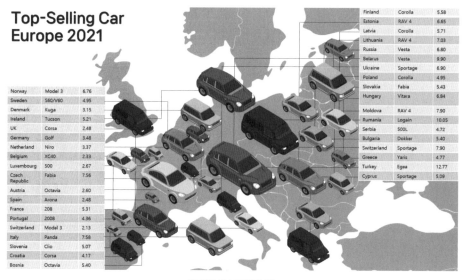

국가별 베스트셀링 예

Boo Mart Best seller

Best seller in 'food'

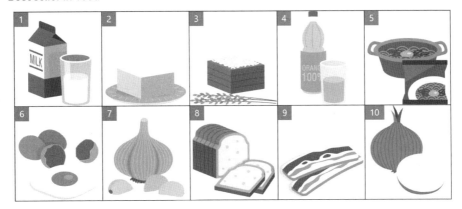

카테고리별 베스트셀링 예

The Most Popular Electronics in '2023.5 ~ 2023.8'

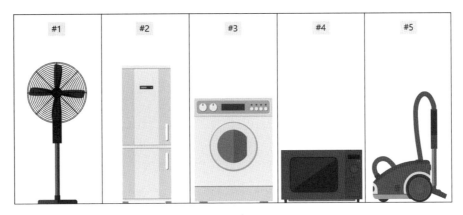

기간별 베스트셀링 예

02. 특정 연도 베스트셀링 상품 확인

확인 사항

2011년에 가장 많이 판매된 제품 TOP 10의 정보를 확인하고 싶습니다.

생각해보기

2011년에 가장 많이 판매된 제품의 1위부터 10위까지 데이터를 출력하려면 SALES 테이블에서 2011년의 제품별 매출 내역을 확인한 후 판매량 순으로 정렬해 상위 10개의 제품을 살펴봐야 하므로 TOP 표현식을 사용해 쿼리문을 작성합니다.

쿼리 9.6.1

```
SELECT    TOP 10 - ❺
          stockcode
          , description
          , SUM(quantity) AS qty - ❸
FROM      sales
WHERE     YEAR(invoicedate) = '2011' - ❶
GROUP BY  stockcode
          , description - ❷
ORDER BY  qty DESC - ❹
```

쿼리문(9.6.1)을 살펴보면 ❶ 2011년 매출 데이터만 필터링하기 위해 WHERE절에 YEAR 함수를 활용해 조건식을 작성하였고, ❷ 제품별로 판매된 수량을 구해야 하기에 제품이 동일한 것끼리 하나의 그룹으로 묶일 수 있도록 GROUP BY절에 제품 단위의 기준인 stockcode 칼럼과 description 칼럼이 작성되었으며, ❸ 출력 결과에도 묶음 처리된 제품별 정보를 확인할 수 있어야 해 SELECT문에 stockcode 칼럼과 description 칼럼을 그대로 작성하고, 제품명이 같은 그룹별로 quantity의 합계를 구해야 하므로 SUM 함수를 이용해 작성했습니다. ❹ 제품별 주문 수량이 높은 순으로 내림차순 정렬하여 ❺ 상위 10개만 출력할 수 있도록 TOP 표현식을 작성했습니다.

STOCKCODE	DESCRIPTION	QTY
84077	WORLD WAR 2 GLIDERS ASSTD DESIGNS	48652
85099B	JUMBO BAG RED RETROSPOT	45237
22197	POPCORN HOLDER	36334
84879	ASSORTED COLOUR BIRD ORNAMENT	34010
85123A	WHITE HANGING HEART T-LIGHT HOLDER	31974
21212	PACK OF 72 RETROSPOT CAKE CASES	31963
23084	RABBIT NIGHT LIGHT	30680
22492	MINI PAINT SET VINTAGE	23727
22616	PACK OF 12 LONDON TISSUES	23621
21977	PACK OF 60 PINK PAISLEY CAKE CASES	23029

실행 결과(9.6.1)와 같은 데이터가 조회되었다면 쿼리문을 올바르게 작성한 겁니다. 만약 실행 결과와 다른 데이터가 조회되었다면 쿼리문을 다시 한번 확인해 틀린 곳을 체크하고 연습해 주세요.

03. 국가별 베스트셀링 상품 확인

확인 사항

국가별로 가장 많이 판매된 제품 순으로 실적을 구하고 싶습니다.

생각해보기

국가별 가장 많이 판매된 제품 순으로 실적을 구하려면 SALES 테이블에서 국가별, 제품별로 수량이 어느 정도 판매됐는지 매출 내역을 확인한 후 각 국가에서 판매량이 높은 제품 순서대로 살펴봐야 하므로 순위 함수를 사용해 쿼리문을 작성합니다.

```
SELECT    ROW_NUMBER() OVER (PARTITION BY country ORDER BY qty DESC) AS rnk -❸
          , country
          , stockcode
          , description
          , qty
FROM      (
          SELECT country
                 , stockcode
                 , description
                 , SUM(quantity) AS qty
          FROM    sales
          GROUP BY  country
                   , stockcode
                   , description -❶
          ) a -❷
ORDER BY 2, 1 -❹
```

쿼리문(9.6.2)을 살펴보면 ❶ 국가별, 제품별(예를 들어 a 제품이 미국에서 몇 개 팔렸고, a 제품이 영국에선 몇 개 팔렸고, b 제품이 미국에서 몇 개 팔렸고…)로 판매된 수량을 구해야해 국가명과 제품명이 같다면 하나의 그룹으로 묶일 수 있도록 GROUP BY절에 country 칼럼과 제품 단위의 기준인 stockcode 칼럼과 description 칼럼이 작성되었으며, ❷ 이렇게 구한(국가별, 제품별 판매 수량) SELECT문 결과를 FROM절에 서브쿼리로 작성하여 서브쿼리의 결과문이 하나의 테이블로 작용한다고 볼 수 있습니다. ❸ 국가별로 제품이 판매된 수량에 대해 가장 많이 판매된 순을 구해야 하므로(가장 많이 팔린 상품을 1등, 그다음을 2등으로 순위를 매기기 위해서) 순위 함수를 이용하였습니다. 그리고 순위를 매기는 기준을 작성할 때 판매 수량인 qty를 기준으로 이 값이 큰 순서대로 순위를 책정하기 위해 내림차순 기준도 작성하였으며, 국가별로 순위를 매겨야 하므로 순위 함수를 작성할 때 PARTITION BY절에 country 칼럼을 입력하였습니다. ❹ 출력 결괏값을 보여줄 때 국가의 값이 작은 순으로(오름차순) 그리고 등수가 낮은 순으로(오름차순) 정렬해 확인할 수 있도록 출력했습니다.

▶ 실행 결과는 전체 결과 중 일부입니다.

RNK	COUNTRY	STOCKCODE	DESCRIPTION	QTY
1	Australia	22492	MINI PAINT SET VINTAGE	2916
2	Australia	23084	RABBIT NIGHT LIGHT	1884
3	Australia	21915	RED HARMONICA IN BOX	1704
4	Australia	21731	RED TOADSTOOL LED NIGHT LIGHT	1344
5	Australia	22630	DOLLY GIRL LUNCH BOX	1024
6	Australia	22969	HOMEMADE JAM SCENTED CANDLES	994
7	Australia	22629	SPACEBOY LUNCH BOX	960
8	Australia	21914	BLUE HARMONICA IN BOX	720
9	Australia	22544	MINI JIGSAW SPACEBOY	720

RNK	COUNTRY	STOCKCODE	DESCRIPTION	QTY
4	France	21086	SET/6 RED SPOTTY PAPER CUPS	1272
5	France	84879	ASSORTED COLOUR BIRD ORNAMENT	1204
6	France	21212	PACK OF 72 RETROSPOT CAKE CASES	1176
7	France	22554	PLASTERS IN TIN WOODLAND ANIMALS	1144
8	France	22556	PLASTERS IN TIN CIRCUS PARADE	1127
9	France	21094	SET/6 RED SPOTTY PAPER PLATES	1116
10	France	22551	PLASTERS IN TIN SPACEBOY	1012
11	France	21080	SET/20 RED RETROSPOT PAPER NAPKINS	960
12	France	20725	LUNCH BAG RED RETROSPOT	911

실행 결과(9.6.2)와 같은 데이터가 조회되었다면 쿼리문을 올바르게 작성한 겁니다. 만약 실행 결과와 다른 데이터가 조회되었다면 쿼리문을 다시 한번 확인해 틀린 곳을 체크하고 연습해 주세요.

04. 20대 여성 고객의 베스트셀링 상품 확인

확인 사항

20대 여성 고객이 가장 많이 구매한 제품 TOP 10의 정보를 확인하고 싶습니다.

생각해보기

20대 여성 고객이 가장 많이 구매한 제품의 데이터를 출력하려면 CUSTOMER 테이블에서 고객의 성별 정보와 생년월일 정보를 바탕으로 20대 여성의 데이터를 출력한 후 SALES 테이블에서 구매 이력을 확인합니다. CUSTOMER 테이블과 SALES 테이블 두 테이블을 함께 살펴봐야 하므로 LEFT JOIN절로 테이블을 결합하고 20~29세 여성의 구매 이력을 필터링하기 위해 필터링 조건을 작성하는 WHERE절을 사용해 쿼리문을 작성합니다.

쿼리 9.6.3

```
SELECT  *
FROM    (
        SELECT  ROW_NUMBER() OVER (ORDER BY qty DESC) AS rnk
                , stockcode
                , description
                , qty
        FROM    (
                SELECT    stockcode
                          , description
                          , SUM(quantity) AS qty
                  FROM    sales s
                  LEFT
                  JOIN    customer c
                    ON    s.customerid = c.mem_no
                WHERE     c.gd = 'F'
                   AND    2023-YEAR(c.birth_dt) BETWEEN '20' AND '29' ─❶
                GROUP BY stockcode
                        , description
```

```
              ) a
          ) aa -②
WHERE rnk <= 10 -③
```

쿼리문(9.6.3)을 살펴보면 ❶ 20대 여성에 대한 데이터만 필요하기 때문에 WHERE절에 고객 정보 중 성별과 생년월일을 이용해 필터링하는 조건식을 작성하였고 ❷ 20대 여성 고객의 구매 이력 중 제품별로 판매 수량이 높은 것을 순서대로(내림차순) 순위를 매긴 rnk 칼럼까지 포함된 SELECT문을 FROM절에 서브쿼리로 작성하여 서브쿼리의 결괏값이 하나의 테이블로 작용하도록 작성되었습니다. ❸ 전체 순위 중에서 상위 10등까지만 필요하므로 부등호 연산자를 이용하여 rnk 칼럼의 값을 필터링하는 조건을 WHERE절에 작성하였습니다.

실행 결과 9.6.3

RNK	STOCKCODE	DESCRIPTION	QTY
1	22492	MINI PAINT SET VINTAGE	3527
2	22151	PLACE SETTING WHITE HEART	3150
3	85099B	JUMBO BAG RED RETROSPOT	2444
4	23084	RABBIT NIGHT LIGHT	2424
5	21915	RED HARMONICA IN BOX	2421
6	22178	VICTORIAN GLASS HANGING T-LIGHT	1792
7	23167	SMALL CERAMIC TOP STORAGE JAR	1786
8	79321	CHILLI LIGHTS	1786
9	84077	WORLD WAR 2 GLIDERS ASSTD DESIGNS	1779
10	21137	BLACK RECORD COVER FRAME	1598

실행 결과(9.6.3)와 같은 데이터가 조회되었다면 쿼리문을 올바르게 작성한 겁니다. 만약 실행 결과와 다른 데이터가 조회되었다면 쿼리문을 다시 한번 확인해 틀린 곳을 체크하고 연습해 주세요.

07 장바구니분석 : 함께 구매한 제품 확인

고객의 구매 데이터를 분석해 쇼핑 시 함께 구매하는 제품을 알아보는 장바구니 분석(연관분석) 방법을 알아보겠습니다. 실습 이후 함께 판매하면 좋은 연관 상품을 파악하는 데 도움이 됩니다.

01. 장바구니 분석이란?

　장바구니 분석은 고객의 구매 데이터를 분석해 함께 구매하는 제품들과의 조합 및 연관성을 알아보는 것을 의미하며 연관분석이라고도 합니다. 연관분석의 가장 유명한 사례는 '월마트의 맥주와 기저귀' 이야기로 과거 월마트에서 고객의 구매 데이터를 분석했더니 쇼핑할 때 함께 구매하는 상품으로 연관성이 높은 조합이 '맥주'와 '기저귀'라는 것을 발견하게 되었고 이 결과를 참고하여 상품 진열 시 적극 활용한 사례가 있습니다.

　다음 결과가 나온 것에 대해 분석가들은 아마도 기혼 남성이 아기의 기저귀를 구매하면서 본인이 마실 맥주도 함께 구매한 것이라고 추측했습니다. 이처럼 연관분석은 데이터마이닝 기법 중 하나로 다소 복잡한 형태를 띠고 있으나 연관성이 높은 조합을 바로 확인할 수 있어 다양한 산업 군에서 활발히 사용되고 있습니다. 본문에서는 연관분석의 간소화 버전을 알아보겠습니다.

02. 특정 제품과 함께 가장 많이 구매한 제품 확인

확인 사항

특정 제품(stockcode='20725')과 함께 가장 많이 구매한 제품 TOP 10의 정보를 확인하고 싶습니다.

생각해보기

특정 제품(stockcode='20725')과 함께 가장 많이 구매한 제품의 상위 10의 정보를 확인하려면 크게 세 단계로 로직을 만들어 생각해 볼 수 있습니다. ❶ 특정 제품을 구매한 거래 내역을 확인합니다. ❷ 1단계에서 확인한 거래 내역 중 특정 제품을 제외하고 구매한 제품을 확인합니다. ❸ 특정 제품과 함께 구매한 제품의 주문 수량을 구하고 주문 수량이 높은 순서대로 상위 10개만 나열합니다.

쿼리 9.7.1

▶ step ❶ : 특정 제품(stockcode='20725')을 구매한 거래 내역을 확인합니다.

```
SELECT  DISTINCT invoiceno
FROM    sales
WHERE   stockcode = '20725'
```

▶ step ❷ : 1단계에서 확인한 거래 내역 중 특정 제품을 제외하고 구매한 제품을 확인합니다.

```
SELECT  *
FROM    sales s
INNER
JOIN    ( -❶
          SELECT  DISTINCT invoiceno
            FROM  sales
           WHERE  stockcode = '20725'
          ) i
  ON    s.invoiceno = i.invoiceno
WHERE   s.stockcode <> '20725' -❷
```

❶ SALES 테이블과 특정 제품을 구매한 거래 정보 테이블인 i테이블을 결합 후 양쪽 테이블에 공통으로 있는 거래(invoiceno)만 남도록 INNER JOIN을 작성했고, ❷ 특정 제품(stockcode='20725')을 제외하도록 WHERE절에 작성하였습니다.

▶ step ❸ : 특정 제품과 함께 구매한 제품의 주문 수량을 구하고 주문 수량이 높은 순서대로 상위 10개만 나열합니다.

```
SELECT  TOP 10
        s.stockcode
        , s.description
        , SUM(quantity) AS qty
FROM    sales s
INNER
JOIN    (
        SELECT  DISTINCT invoiceno
        FROM    sales
        WHERE   stockcode = '20725'
        ) i
  ON    s.invoiceno = i.invoiceno
WHERE   s.stockcode <> '20725'
GROUP BY  s.stockcode
        , s.description
ORDER BY  qty DESC
```

STOCKCODE	DESCRIPTION	QTY
85099B	JUMBO BAG RED RETROSPOT	9059
22355	CHARLOTTE BAG SUKI DESIGN	7695
21212	PACK OF 72 RETROSPOT CAKE CASES	6912
20724	RED RETROSPOT CHARLOTTE BAG	6751
22384	LUNCH BAG PINK POLKADOT	6065
20727	LUNCH BAG BLACK SKULL.	5867
20728	LUNCH BAG CARS BLUE	5600
20726	LUNCH BAG WOODLAND	5448
22383	LUNCH BAG SUKI DESIGN	5355
23084	RABBIT NIGHT LIGHT	5171

실행 결과(9.7.1)를 살펴보면 특정 제품(stockcode='20725')과 함께 고객이 가장 많이 구매한 제품은 85099B(JUMBO BAG RED RETROSPOT), 22355(CHARLOTTE BAG SUKI DESIGN), 21212(PACK OF 72 RETROSPOT CAKE CASES) 등으로 출력되었습니다.

이번에는 함께 구매한 제품 중 데이터에 불필요한 제품을 제외하는 방법에 대해 살펴보겠습니다. 이런 분석 조건은 추후 특정 제품과 함께 구매하는 제품의 인사이트에 필요 없는 제품을 제외하고자 할 때 유용하게 사용됩니다.

확인 사항

특정 제품(stockcode='20725')과 함께 가장 많이 구매한 제품 TOP 10의 정보를 확인하고 싶습니다. 단, 이 중에서 제품명에 LUNCH가 포함된 제품은 제외합니다.

앞의 실습과 동일한 로직으로 작성하되 제품명에 LUNCH가 포함된 제품을 제외하는 조건만 추가합니다.

쿼리 9.7.2

```
SELECT    TOP 10
            s.stockcode
          , s.description
          , SUM(quantity) AS qty
FROM      sales s
INNER
JOIN        (
            SELECT  DISTINCT invoiceno
            FROM  sales
            WHERE  stockcode = '20725'
            ) i
   ON     s.invoiceno = i.invoiceno
WHERE     s.stockcode <> '20725'
    AND     s.description NOT LIKE '%LUNCH%' -①
GROUP BY  s.stockcode
          , s.description
ORDER BY  qty DESC
```

상품명에 LUNCH가 포함되지 않은 상품들만 필터링할 수 있도록 NOT LIKE 연산자를 활용하여 조건식을 WHERE절에 작성하였습니다. NOT LIKE는 LIKE의 부정연산자로 특정 키워드가 포함된 경우를 제외한 나머지 행(특정 키워드가 포함되지 않는 행만)을 출력하도록 필터링합니다.

STOCKCODE	DESCRIPTION	QTY
85099B	JUMBO BAG RED RETROSPOT	9059
22355	CHARLOTTE BAG SUKI DESIGN	7695
21212	PACK OF 72 RETROSPOT CAKE CASES	6912
20724	RED RETROSPOT CHARLOTTE BAG	6751
23084	RABBIT NIGHT LIGHT	5171
20719	WOODLAND CHARLOTTE BAG	4970
84879	ASSORTED COLOUR BIRD ORNAMENT	4230
47566	PARTY BUNTING	4055
22197	POPCORN HOLDER	3913
22386	JUMBO BAG PINK POLKADOT	3882

실행 결과(9.7.2)와 같은 데이터가 조회되었다면 쿼리문을 올바르게 작성한 겁니다. 만약 실행 결과와 다른 데이터가 조회되었다면 쿼리문을 다시 한번 확인해 틀린 곳을 체크하고 연습해 주세요.

재구매 지표

고객의 재구매 지표를 확인해 유입 원인을 파악하고 유지 방법을 알아보겠습니다. 실습 이후 재구매 고객 유치를 위한 다양한 전략을 설계하는 데 도움이 됩니다.

01. 재구매 지표의 중요성

재구매 지표는 경쟁이 치열한 산업일수록 중요하게 봐야 할 지표입니다. '재구매 비율이 낮다'는 말은 첫 구매 이후 다시 구매가 이루어지지 않았다는 것으로 우리 브랜드에 로열티가 없다는 의미와도 같습니다.

예를 들어 남성 고객이 벨트를 구매하기 위해 쇼핑 플랫폼을 검색하다가 우연히 우리 브랜드의 벨트가 최저가로 판매되고 있는 것을 발견하게 되었고 구매까지 이어졌습니다. 남성 고객은 검색 중에 우리 브랜드의 벨트가 최저가로 판매 중이어서 구매한 것이지 우리 브랜드에 대한 정보는 전무후무한 상태이기에 이럴 때일수록 해당 고객에게 할인 쿠폰이나 혜택을 제공해 우리 브랜드를 각인시킨다면 다음번 쇼핑 때 우리 브랜드 제품을 우선으로 고려할 확률이 높고 자연스레 재구매로 연결될 수 있습니다. 이처럼 첫 구매 후 재구매로 이어지는 과정은 매우 중요합니다.

02. 재구매 고객의 비율 확인

재구매 고객(2번 이상 구매한 고객)은 크게 두 가지 방법으로 구할 수 있습니다.

재구매 고객 구하는 방법
- 방법 ❶ : 고객별로 구매일수를 세는 방법
- 방법 ❷ : 고객별로 구매한 일수에 순서를 매기는 방법

구매 건수를 계산해 재구매를 확인하지 않고 구매일수로 재구매를 판단하는 이유는 동일한 날짜에 여러 번 주문하는 경우 재구매가 아닌 분할 결제로 생각하는 경우가 많기 때문입니다.

고객별로 구매일수를 카운팅하는 방법

확인 사항

쇼핑몰의 재구매 고객수를 확인하고 싶습니다.

생각해보기

쇼핑몰의 재구매 고객수를 구하려면 SALES 테이블에서 고객별로 구매일수를 파악하고 이 값이 2 이상인 고객의 수만 출력해야 합니다. 따라서 특정 값 이상의 고객 수를 필터링하기 위해 필터링 조건을 작성하는 WHERE절을 사용해 쿼리문을 작성합니다.

쿼리 9.8.1

```
SELECT     COUNT(DISTINCT customerid) AS repurchaser_count -❸
FROM       (
           SELECT  customerid, COUNT(DISTINCT invoicedate) AS frq
           FROM  sales
           WHERE  customerid <> '' -❶
           GROUP BY  customerid
           HAVING  COUNT(DISTINCT invoicedate) >= 2 -❷
           ) a
```

❶ 비회원에 해당하는 값은 제외하기 위해 WHERE절에 SALES 테이블의 customerid 칼럼이 공백인 경우 제외하는 것을 부등호 연산자를 이용해 작성했고, ❷ 고객별로 그룹화 이후 invoicedate 칼럼의 중복을 제거하고 집계한 결괏값이 2 이상만 필터링 되도록 필터링 조건을 HAVING절에 작성했으며, ❸ SELECT절에 DISTINCT 표현식과 COUNT 함수를 작성해 customerid 칼럼의 중복을 제거한 후 고객 수를 집계해 출력했습니다.

---

* 이는 통상적인 개념이며 산업에 따라 이 기준은 변경해서 사용할 수도 있습니다.

REPURCHASER_COUNT

2991

고객별로 구매한 일자에 순서를 매기는 방법

확인 사항

특정 제품(stockcode='21088')의 재구매 고객수와 구매일자 순서를 확인하고 싶습니다.

생각해보기

특정 제품의 재구매 고객수와 구매일자 순서를 구하려면 SALES 테이블에서 고객별로 특정 제품에 대한 구매일자가 몇 번째인지 파악해 이 값이 2인(두 번째 구매일자가 있는) 고객의 수만 집계해야 합니다. 따라서 구매일자 순서를 파악하기 위해 DENSE_RANK 함수를, 특정 값을 갖는 고객만 필터링하기 위해 필터링 조건을 작성하는 WHERE절을 사용해 쿼리문을 작성합니다.

쿼리 9.8.2

```
SELECT   COUNT(DISTINCT customerid) AS repurchaser_count
FROM     (
         SELECT   customerid, DENSE_RANK() OVER (PARTITION BY customerid ORDER BY
         invoicedate) AS rnk  --①
         FROM   sales
         WHERE  customerid <> ''
         AND    stockcode='21088'
         ) a
WHERE rnk = 2
```

① 고객별로 첫 번째 구매일자가 1, 그다음 구매일자는 2로 순위를 매기기 위해서 순위 함수를 이용하고 순위를 매기는 기준을 구매일자의 작은 값(오래된 날짜)부터 오름차순으로 작성하였으며, 고객별로 순위를 매겨야 하므로 순위 함수를 작성할 때 PARTITION BY절에 customerid 칼럼을 입력하였습니다.

REPURCHASER_COUNT
7

실행 결과(9.8.2)와 같은 데이터가 조회되었다면 쿼리문을 올바르게 작성한 겁니다. 만약 실행 결과와 다른 데이터가 조회되었다면 쿼리문을 다시 한번 확인해 틀린 곳을 체크하고 연습해 주세요.

 궁금해요

DENSE_RANK 함수를 사용한 이유

고객	구매일자	구매 제품	DENSE_RANK를 사용한 경우	RANK를 사용한 경우	ROW_NUMBER를 사용한 경우
			rnk	rnk	rnk
A 고객	1/1	사과	1	1	1
A 고객	1/1	딸기	1	1	2
A 고객	1/15	바나나	2	3	3
B 고객	1/15	딸기	1	1	1
B 고객	1/20	딸기	2	2	2

DENSE_RANK 함수를 작성한 이유는 다음의 예시를 살펴보면 알 수 있습니다. A 고객은 첫 구매일자가 1월 1일이며 두 번째 구매일자는 1월 15일입니다. B 고객은 첫 구매일자가 1월 15일이며 두 번째 구매일자는 1월 20일입니다. 이에 맞게 순위를 매겨줄 수 있는 함수는 DENSE_RANK 함수뿐입니다. 동일한 값은 같은 순위로 매기며 다음 순위는 공통 순위 바로 뒤의 수로 매기기 때문입니다.

만약 RANK 함수를 사용했다면 A 고객의 rnk는 2의 값이 없으므로 이 고객은 재구매가 없는 고객으로 오인될 수 있습니다. ROW_NUMBER 함수를 사용한다면 A 고객의 재구매 시점이 1월 15일이 아닌 1월 1일로 잘못 출력될 수도 있습니다

03. 리텐션 및 코호트 분석

리텐션(Retention Rate)은 유지와 관련된 지표로 리텐션이 높다는 것은 고객이 주기적으로 방문해 우리 서비스를 꾸준히 이용한다는 의미입니다. 비즈니스적으로 '구매에 대한 유지'와 '행동에 대한 유지'의 두 가지 측면으로 나누어 많이 활용됩니다.

산업 특성에 따라 구매주기 혹은 행동주기(앱 접속 등)는 조금씩 다르게 나타나는데 예를 들어 어플리케이션을 운용하는 뉴스 플랫폼의 경우 매일매일 새로운 소식이 전해지며 이를 일 단위로 확인하는 사람들이 많기 때문에 평균적으로 어플리케이션 방문 주기는 하루로 볼 수 있습니다. 하지만 가전제품을 판매하는 업체의 경우는 사람들이 매일 가전제품을 구매하지 않으므로 구매주기를 1년으로 볼 수 있습니다. 이렇듯 산업 특성에 따라 주기의 기준은 상이합니다.

이러한 주기 즉 기간 기준에 맞춰 이전 기간에 접속(구매)했던 사람이 이번 기간에도 접속(구매)을 얼마나 유지(Retention)했는지를 살펴보는 지표를 유지율이라고 합니다. 예를 들어 어플리케이션 접속 주기가 일주일인 산업으로 가정했을 때 지난주에 어플리케이션에 10명이 접속했는데 이번 주에 7명만 접속을 유지했다면 유지율(Retention Rate)는 7명/10명=70%가 됩니다.

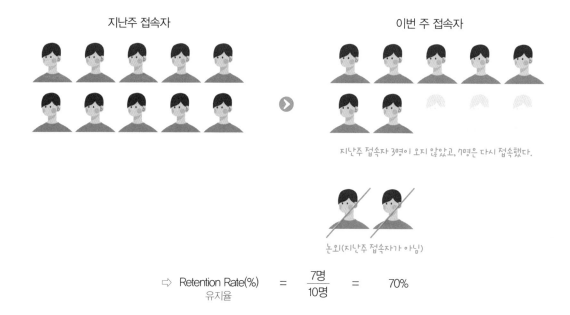

지난주 접속자　　　　　　　　　　　　이번 주 접속자

지난주 접속자 3명이 오지 않았고, 7명은 다시 접속했다.

논외(지난주 접속자가 아님)

$$\Rightarrow \quad \text{Retention Rate(\%)} \atop \text{유지율} \quad = \quad \frac{7명}{10명} \quad = \quad 70\%$$

구매 역시 마찬가지입니다. 구매 주기가 평균 1년인 한 산업에서 작년에 상품을 구매한 사람 중 올해도 상품을 구매한 사람에 대해 구매 유지율을 구할 수 있습니다.

이렇게 '지난주 접속'이나 '작년 구매'와 같이 동일한 특성이나 경험을 가진 집단을 코호트 집단이라 칭하고 이들을 분석하는 코호트 분석은 대개 유지에 대한 내용을 담습니다. 앱이나 웹에 대한 고객의 행동을 분석해주는 툴 중 하나인 구글 애널리틱스에서도 코호트 분석 차트를 쉽게 찾아볼 수 있습니다.

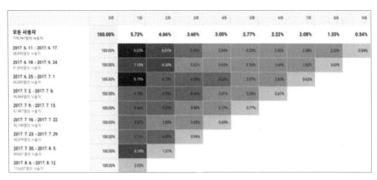

동질 집단 탐색 분석(출처 : GA4)

각 주마다 접속한 고객을 100%로 보았을 때 일주일 후와 2주 후에도 꾸준히 접속을 유지하는지에 대한 비율을 보여주는 차트입니다. 다음 리텐션 비율을 직접 구해보겠습니다.

2010년 구매 이력 고객들의 2011년 유지율 확인 방법
`확인 사항`

2010년 구매 이력이 있는 고객들의 2011년 유지율을 확인하고 싶습니다.

`생각해보기`

2010년 구매 이력이 있는 고객 중에서 2011년에도 구매가 발생한 고객을 확인한 후 고객수를 계산합니다. 특정 기간의 구매 이력이 있는 고객 수만 필터링하기 위해 필터링 조건을 작성하는 WHERE절을 사용해 쿼리문을 작성합니다.

```
SELECT   COUNT(DISTINCT customerid) AS retention_customer_count
FROM     sales
WHERE    customerid <> ''
  AND    customerid IN (SELECT  customerid
                        FROM    sales
                        WHERE   customerid <> ''
                          AND YEAR(invoicedate) = '2010'
                        ) -①
  AND    YEAR(invoicedate) = '2011' -②
```

① 2010년 구매 이력이 있는 고객의 매출 내역만 보기 위해 WHERE절에 2010년 구매 고객에 대한 조건식을 서브쿼리를 이용해 작성했고, ② 동시에 2011년 구매 이력이 있는 고객도 출력될 수 있도록 WHERE절에 AND 연산자를 작성했습니다.

RETENTION_CUSTOMER_COUNT
820

실행 결과(9.8.3)와 같은 데이터가 조회되었다면 쿼리문을 올바르게 작성한 겁니다. 만약 실행 결과와 다른 데이터가 조회되었다면 쿼리문을 다시 한번 확인해 틀린 곳을 체크하고 연습해 주세요.

04. 구매 주기 : 첫 구매 후 재구매까지의 평균 기간 확인

재구매 지표의 마지막으로 구매 주기에 대해서 알아보도록 하겠습니다. 그 중에서도 첫 구매 주기는 고객의 첫 상품 구매가 발생한 이후 다음 구매까지의 기간을 의미하며 매장과 제품의 특성에 따라 달라집니다. 고객의 첫 구매로 예를 들면 편의점은 백화점보다 사람들이 더 자주 방문해 상품을 구매하기 때문에 평균적으로 구매주기가 짧다고 봅니다. 제품으로 예를 들면 커피가 자동차보다 구매주기가 짧다고 볼 수 있습니다.

첫 구매 이후 다음 구매까지 사람들은 평균적으로 얼마의 기간이 걸릴까요? 만약 A 고객이 3월 15일에 첫 구매를 하고 3월 22일에 재방문해 상품을 구매했다면 첫 구매 이후 다음 구매까지 7일이 소요됐다고 계산할 수 있습니다.

A 고객   상품   구매일

3월 15일

3월 22일

⇨ 첫 구매 이후, 일주일 뒤 재구매 발생

B 고객이 3월 16일에 첫 구매를 하고 재구매가 일어나지 않았다면 첫 구매 이후 다음 구매까지 걸린 기간은 계산되지 않습니다.

B 고객   상품   구매일

3월 16일

X

첫 구매 이후, 다시 방문하지 않음

마지막으로 C 고객은 3월 19일에 첫 구매를 하고 이후 3월 21일에 재구매를 했다면 첫 구매 이후 다음 구매까지 2일이 소요됐다고 계산할 수 있습니다.

C 고객	상품	구매일
		3월 19일
		3월 21일

⇨ 첫 구매 이후, 이틀 뒤 재구매 발생

A, B, C 고객의 구매 데이터가 적재되는 기준을 정리하면 다음과 같습니다.

일(day) 차이

고객	상품	구매일	횟수		고객	상품	구매일	횟수
A고객		3월 15일	첫 번째		A고객		3월 22일	두 번째
		3월 22일	두 번째					
B고객		3월 16일	첫 번째					
C고객		3월 19일	첫 번째		C고객		3월 21일	두 번째
		3월 19일	첫 번째		C고객		3월 21일	두 번째
		3월 21일	두 번째					

각 고객별로 첫 구매가 언제인지 그리고 두 번째 구매가 언제인지 옆에 붙여서 구하고 이에 대한 일(day)의 차이를 구하면 대략적인 구매 주기를 산출할 수 있습니다.

고객별로 재구매까지의 구매 기간 확인 방법

확인 사항

고객별로 첫 구매 이후 재구매까지의 구매 기간을 확인하고 싶습니다.

생각해보기

고객별로 첫 구매 이후 재구매까지의 구매 기간 정보를 확인하려면 크게 네 단계로 로직을 만들어 생각해 볼 수 있습니다. ❶ 고객별로 제품을 구매한 순서를 정합니다. ❷ 첫 단계에서 확인한 순서를 바탕으로 첫 구매와 재구매 기간을 확인합니다. ❸ 첫 구매와 재구매 기간의 차이를 계산합니다. ❹ 구매 기간 차이로 평균 지표를 계산합니다.

쿼리 9.8.4

▶ step ❶ : 고객별로 제품을 구매한 순서를 정합니다.

```
SELECT  customerid
        , invoicedate
        , DENSE_RANK() OVER (PARTITION BY customerid ORDER BY invoicedate) AS
        day_no
FROM    (
        SELECT  customerid, invoicedate
        FROM   sales
        WHERE   customerid <> ''
        GROUP BY  customerid, invoicedate
        ) a
```

▶ step ❷ : step ❶ 에서 확인한 순서를 바탕으로 첫 구매와 재구매 기간을 확인합니다.

```
SELECT  aa.customerid    AS first_pur_customerid
        , aa.invoicedate AS first_pur_invoicedate
        , aa.day_no           AS first_pur_day_no
        , bb.customerid  AS second_pur_customerid
        , bb.invoicedate AS second_pur_invoicedate
```

```
            , bb.day_no        AS secound_pur_day_no
FROM    (
        SELECT  customerid
                , invoicedate
                , DENSE_RANK() OVER (PARTITION BY customerid ORDER BY invoicedate) AS
                day_no
         FROM   (
                SELECT  customerid, invoicedate
                FROM    sales
                WHERE   customerid <> ''
                GROUP BY  customerid, invoicedate
                ) a
        ) aa
LEFT
JOIN    (
        SELECT  customerid
                , invoicedate
                , DENSE_RANK() OVER (PARTITION BY customerid ORDER BY invoicedate) AS
                day_no
        FROM    (
                SELECT    customerid, invoicedate
                FROM      sales
                WHERE     customerid <> ''
                GROUP BY  customerid, invoicedate
                ) b
        ) bb -❶
    ON  aa.customerid = bb.customerid AND aa.day_no+1 = bb.day_no
WHERE     aa.day_no = 1
    AND   bb.day_no = 2 -❷
```

❶ 첫 번째 구매와 두 번째 구매를 옆으로 붙여 출력하기 위해 서브쿼리를 사용한 aa 테이블과 bb 테이블을 LEFT JOIN으로 결합하였고,(여기서 aa 테이블과 bb 테이블은 같은 결과를 보여주는 쿼리입니다.) ❷ WHERE절에 그 중 aa 테이블에서는 첫 번째 구매만 보기 위해 aa.day_no = 1 을 작성하였으며, bb 테이블에서는 두 번째 구매만 보기 위해 bb.day_no = 2를 작성하여 이를 만족하는 행만 출력하도록 필터링합니다.

▶ step ❸ : 첫 구매와 재구매 기간의 차이를 계산합니다.

```
SELECT  aa.customerid     AS first_pur_customerid
      , aa.invoicedate  AS first_pur_invoicedate
      , aa.day_no       AS first_pur_day_no
      , bb.customerid   AS second_pur_customerid
      , bb.invoicedate  AS second_pur_invoicedate
      , bb.day_no       AS secound_pur_day_no
      , DATEDIFF(DAY,aa.invoicedate,bb.invoicedate) AS purchase_period -❶
FROM    (
        SELECT  customerid
              , invoicedate
              , DENSE_RANK() OVER (PARTITION BY customerid ORDER BY
              invoicedate) AS day_no
        FROM    (
                SELECT    customerid, invoicedate
                FROM      sales
                WHERE     customerid <> ''
                GROUP BY  customerid, invoicedate
                ) a
        ) aa
LEFT
JOIN    (
        SELECT  customerid
```

```
                , invoicedate
                , DENSE_RANK() OVER (PARTITION BY customerid ORDER BY invoicedate) AS
                day_no
        FROM (
                        SELECT    customerid, invoicedate
                        FROM      sales
                        WHERE     customerid <> ''
                        GROUP BY  customerid, invoicedate
                        ) b
        ) bb
   ON aa.customerid = bb.customerid AND aa.day_no+1 = bb.day_no
WHERE aa.day_no = 1
AND bb.day_no = 2
```

❶ 첫 번째 구매한 일자인 aa.invoicedate와 두 번째 구매한 일자인 bb.invoicedate의 일자에 대한 차이를 출력하기 위해 DATEDIFF 함수에 두 가지 일자와 DAY 기준을 넣어 작성했습니다.

▶ step ❹ : 구매 기간 차이 일수에 대한 평균 지표를 구하는 집계 함수를 구합니다.

```
SELECT avg( purchase_period ) AS avg_purchase_period -❷
FROM (
SELECT aa.customerid    AS first_pur_customerid
      , aa.invoicedate  AS first_pur_invoicedate
      , aa.day_no       AS first_pur_day_no
      , bb.customerid   AS second_pur_customerid
      , bb.invoicedate  AS second_pur_invoicedate
      , bb.day_no       AS secound_pur_day_no
      , DATEDIFF(DAY,aa.invoicedate,bb.invoicedate) AS purchase_period
   FROM (
        SELECT customerid
              , invoicedate
```

```
            , DENSE_RANK() OVER (PARTITION BY customerid ORDER BY
              invoicedate) AS day_no
      FROM    (
              SELECT    customerid, invoicedate
              FROM      sales
              WHERE     customerid <> ''
              GROUP BY  customerid, invoicedate
              ) a
      ) aa

LEFT
JOIN  (
      SELECT customerid
            , invoicedate
            , DENSE_RANK() OVER (PARTITION BY customerid ORDER BY invoicedate) AS
              day_no
      FROM    (
              SELECT  customerid, invoicedate
              FROM  sales
              WHERE   customerid <> ''
              GROUP BY  customerid, invoicedate
              ) b
      ) bb
  ON  aa.customerid = bb.customerid AND aa.day_no+1 = bb.day_no
WHERE aa.day_no = 1
AND bb.day_no = 2
) aaa -❶
```

❶ 전체 고객들의 구매 주기를 출력하기 위해 step ❸에서 구한 SELECT문 전체를 FROM절 서브쿼리 형태의 테이블로 작성되었고, ❷ 이들의 구매 주기의 평균을 구하기 위해 AVG 함수로 작성하였습니다.

avg_purchase_period
68

실행 결과(9.8.4)를 살펴보면 우리 고객들은 첫 구매 이후 다음 구매까지 평균적으로 68일(약 2달)이 걸린다고 볼 수 있습니다.

학습 키워드

#주석처리 #코딩테스트 #ERD #데이터스키마 #메모하기

Appendix

SQL
스킬 더블업

SQL 사용 시 도움이 되는 유용한 스킬만 모아놓은 부록입니다. 실무에 적용하면 좋은 SQL의 다양한 꿀팁과 노하우에는 어떤 것이 있는지 알아봅니다.

SQL 실행 치트키

SQL 문장을 작성할 때 알아두면 유용한 기능에 대해 알아봅니다.

01. SQL 주석처리

SQL의 주석은 쿼리문과 테이블 칼럼의 이해를 돕기 위한 메모 용도로만 사용해 쿼리문에 작성되어 있어도 쿼리 실행 시 무시되는 구문입니다. SQL의 주석처리 방법은 두 가지로 '한 줄 주석처리'와 '여러 줄 주석처리'가 있습니다.

한 줄 주석처리

- 기호 : --

- 사용 방법 : -- 기호를 작성한 후 메모를 남기면 됩니다.

- 예시

```
SELECT *
FROM sales -- 한 줄 주석처리
```

한 줄 주석처리는 테이블의 정보와 특이 사항 등을 해당 테이블 혹은 칼럼명 옆에 주석 처리하여 메모를 남깁니다.

여러 줄 주석처리

▪ 기호 : /*   */

▪ 사용 방법 : /* 쓰고 그 뒤에다가 메모를 쓰고, 마지막에 */로 닫아주면 됩니다.

▪ 예시

```
/*
여러 줄 주석처리
입니다.
*/
SELECT *
  FROM sales
```

여러 줄 주석 처리는 쿼리창에서 다양한 SELECT문이 있을 때 SELECT문끼리 구분할 수 있는 구분선 용도로도 많이 활용합니다. 예를 들면 쿼리문이 길어질 것을 대비해 다음과 같이 구분선 용도로 주석처리를 한다면 훨씬 가독성 높은 쿼리문을 완성할 수 있습니다.

실무활용 예시

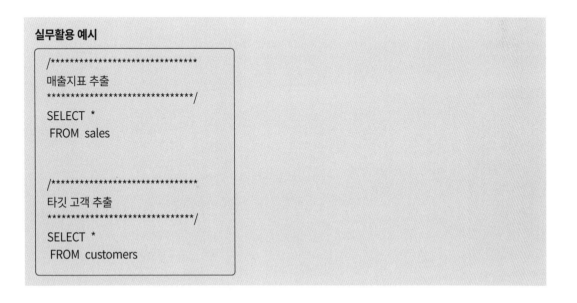

```
/*******************************
매출지표 추출
*******************************/
SELECT *
  FROM sales


/*******************************
타깃 고객 추출
*******************************/
SELECT *
  FROM customers
```

데이터 분석 워밍업

데이터 분석가의 코딩테스트와 분석 프로젝트를 준비하는 방법에 대해 알아봅니다.

01. 데이터 분석가 코딩테스트 준비

데이터 분석가에게도 코딩테스트를 진행하는 기업들이 점점 많아지고 있습니다. 다음은 취업이나 이직 시 코딩테스트를 대비할 수 있는 사이트를 소개하려 합니다. 우리가 그동안 배운 SQL 문법을 바탕으로 여러 데이터를 직접 풀어보고 정답까지 확인할 수 있습니다.

웹사이트명	웹사이트 주소
프로그래머스	https://school.programmers.co.kr/learn/challenges
LeetCode	https://leetcode.com/
HackerRank	https://www.hackerrank.com/dashboard

프로그래머스

 웹사이트에 접속한 후 로그인합니다(https://school.programmers.co.kr/).

step 02 웹사이트 상단 메뉴의 [코딩테스트 연습] 탭을 클릭합니다.

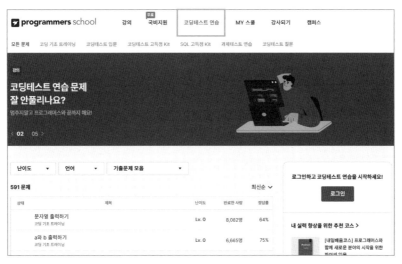

step 03 [언어]의 드롭다운 아이콘을 클릭한 후 SQL언어(MySQL, Oracle)를 선택하고 원하는 문제를 클릭합니다.

step 04 설명을 확인하고 오른쪽에 쿼리문을 작성해 줍니다. 작성이 끝나면 [제출 후 채점하기]를 통해 정답을 확인합니다.

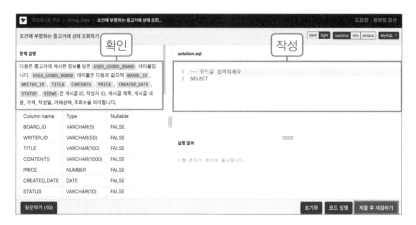

LeetCode

step 01 웹사이트에 접속한 후 로그인합니다(https://leetcode.com/).

step 02 스크롤을 내려 'Questions, Community&Contests'에서 [View Questions]를 클릭합니다.

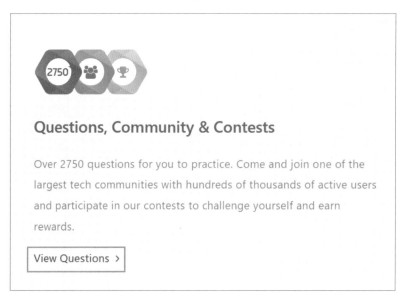

화면 상단 메뉴의 [Database]를 선택한 후 원하는 문제를 클릭합니다.

step 04 문제의 설명을 확인한 후 오른쪽에 쿼리문을 작성해 줍니다. My SQL, MS SQL Server, Oracle 이 나타난 문제만 SQL과 관련된 문제입니다.

HackerRank

step **01** 웹사이트에 접속한 후 로그인합니다(https://www.hackerrank.com/dashboard).

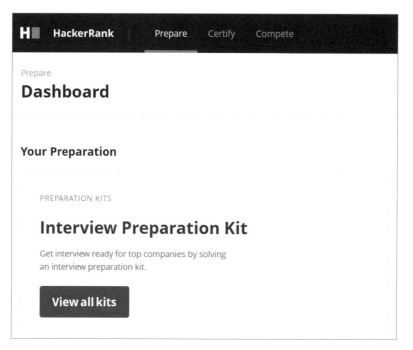

step **02** 'Prepare By Topics' 화면에서 [SQL]을 클릭합니다.

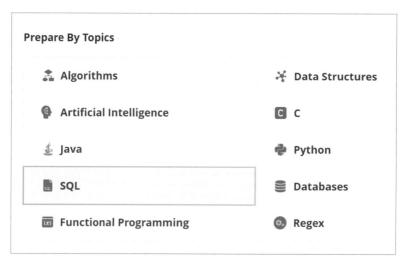

step 03 원하는 문제를 선택한 후 [Solve Challenge] 버튼을 클릭합니다.

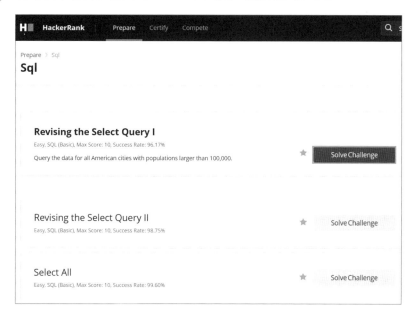

step 04 왼쪽의 문제를 확인한 후 오른쪽에 쿼리문을 작성해 줍니다. 작성이 완료되면 [Submit Code] 버튼을 클릭합니다.

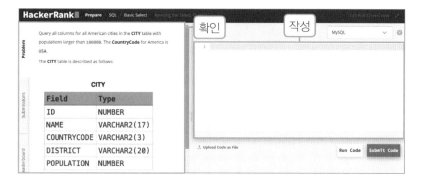

02. 데이터 분석 실무를 경험하는 방법

　데이터 분석가로 취업을 준비 중이거나 다른 직무에서 데이터 분석 직무로 이직을 생각한다면 늘 하는 공통 고민이 있습니다. '저는 데이터 분석 경험이 없는데 어떡하죠?'입니다. 제일 좋은 방법은 회사 데이터로 직접 분석을 경험하는 것이지만 어렵다면 실무에 가까운 데이터를 구해 스스로 분석 프로젝트를 진행해 보는 방법이 있습니다. 앞에서 소개한 사이트는 SQL 문법을 연습해 코딩테스트를 대비하기 위한 사이트였다면 이번에는 실무에 가까운 데이터를 갖고 다양한 시각으로 데이터를 분석하는 방법에 대해서 공유하겠습니다.

분석 프로젝트 단계

　분석 프로젝트는 우선, 선택한 데이터가 분석할 만한 가치가 있는 데이터인지 확인하고 통과하면 본격적인 분석 단계를 진행합니다. 이 단계에서는 가설을 설정하고, 어떠한 형식으로 결과가 도출될지에 대한 데이터 뷰를 정합니다. 그리고 올바른 데이터가 추출될 수 있도록 SQL 쿼리문을 작성합니다. 마지막으로 쿼리를 실행하여 나온 결과들로 보고서를 작성합니다.

프로젝트 준비

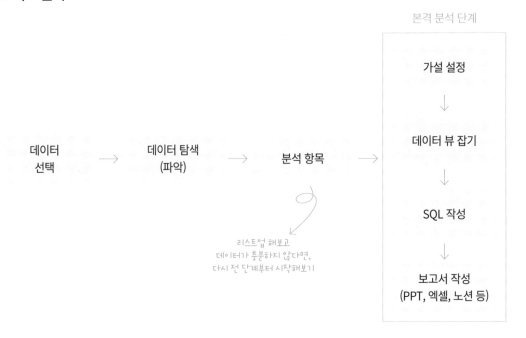

다음은 데이터를 선택할 수 있는 사이트를 소개합니다. 데이터에 대한 전 세계적 커뮤니티인 캐글 (https://www.kaggle.com/)입니다.

step 01 웹사이트에 접속한 후 로그인하고 좌측 메뉴 리스트를 클릭해 [Datasets]을 선택합니다.

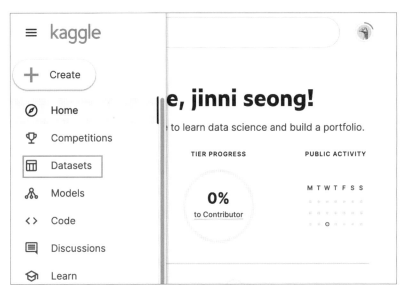

step 02 원하는 데이터를 입력해 검색합니다.

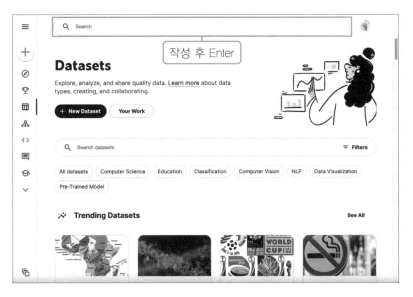

step **03** 검색 결과 중 SQL에 업로드가 가능한 csv, txt파일 형식만 필터링되도록 선택합니다.

step **04** 데이터의 형식 및 구성을 확인한 후 우측 상단에 있는 [Download]를 클릭합니다.

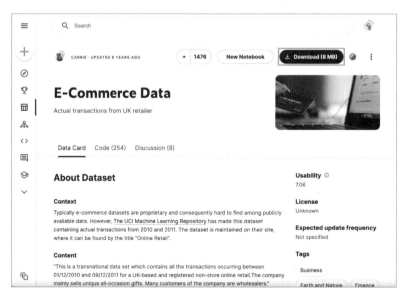

step **05** 실습 데이터 업로드(196p)를 참고해 데이터를 SQL에 업로드합니다.

SQL 사용 전 확인사항

SQL 문법을 통달했다고 데이터 분석을 잘하는 건 아닙니다. 데이터에 대한 이해가 바탕이 되어야 실무에서도 능수능란하게 SQL을 구사할 수 있습니다. 데이터를 빠르게 해석해 주는 핵심 재료 'ERD'와 '데이터스키마'에 대해서 알아봅니다.

01. ERD와 데이터스키마

앞서 테이블의 결합(174p)에서 'ERD'는 데이터베이스의 뼈대로 테이블의 유기 관계를 확인할 수 있는 설계도와 같은 자료라고 설명했습니다. ERD를 통해 데이블의 존재는 물론 JOIN의 가능 여부까지 파악할 수 있어 테이블의 큰 숲을 보는 과정이라고 볼 수 있습니다.

반면에 '데이터 스키마'는 하나의 테이블마다 각각 어떤 항목과 데이터 타입을 가지는지 설명한 자료로 테이블의 세부적인 정보를 담아 나무를 보는 과정이라고 볼 수 있습니다.

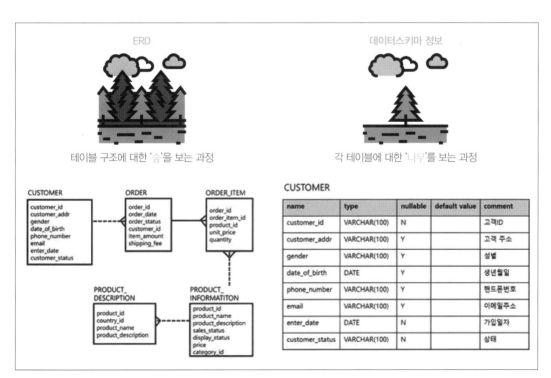

ERD

데이터스키마 정보

테이블 구조에 대한 '숲'을 보는 과정

각 테이블에 대한 '나무'를 보는 과정

CUSTOMER

name	type	nullable	default value	comment
customer_id	VARCHAR(100)	N		고객ID
customer_addr	VARCHAR(100)	Y		고객 주소
gender	VARCHAR(100)	Y		성별
date_of_birth	DATE	Y		생년월일
phone_number	VARCHAR(100)	Y		핸드폰번호
email	VARCHAR(100)	Y		이메일주소
enter_date	DATE	N		가입일자
customer_status	VARCHAR(100)	N		상태

실무에서 데이터를 빠르게 파악하려면 이 두 자료를 적절히 활용하는 게 좋습니다. ERD로 테이블 관계를 살피고 데이터 스키마로 테이블의 세부적인 정보를 확인해 깊이 있는 테이블 이해에 도움을 줍니다.

02. 쿼리문과 결과물 간의 비교

실무에서 업무를 하다보면 현업의 데이터 분석가들이 만든 쿼리문과 그 결과를 많이 볼 수 있습니다. SQL의 실력을 꾸준히 향상할 수 있는 방법은 유사한 분석에 대해 스터디를 진행하는 겁니다. 앞서 완료된 분석 결과와 이에 대한 쿼리문을 비교해 학습하면 함수 등의 활용방법 및 논리 구조들을 빠르게 습득할 수 있습니다.

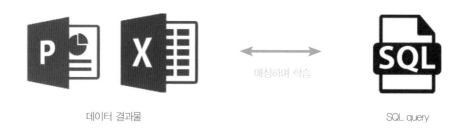

데이터 결과물   매칭하며 학습   SQL query

분석이 완료된 쿼리문을 독해하는 것은 타인이 생각한 논리를 그대로 따라가야 하기 때문에 무척 어렵습니다. 그러나 영어를 독해하는 것처럼 쿼리문을 독해하는 연습을 하면 얼마 뒤 실력이 월등히 상승되어 있는 걸 경험할 겁니다.

비전공자도 쉽게 이해하는 데이터 분석의 모든 것

나의 첫 SQL 수업

초 판 발 행	2023년 09월 05일
발 행 인	박영일
책 임 편 집	이해욱
저 자	이선영
편 집 진 행	성지은
표 지 디 자 인	하연주
편 집 디 자 인	신해니, 김지현
발 행 처	시대인
공 급 처	(주)시대고시기획
출 판 등 록	제 10-1521호
주 소	서울시 마포구 큰우물로 75 [도화동 538 성지 B/D] 6F
전 화	1600-3600
홈 페 이 지	www.sdedu.co.kr

I S B N	979-11-383-5558-2(13000)
정 가	20,000원

시대인은 종합교육그룹 (주)시대고시기획 · 시대교육의 단행본 브랜드입니다.